大方廣佛華嚴經

일러두기

1. 『대방광불화엄경 강설』 원문原文의 저본底本은 근세에 교정이 가장 잘 되었다고 정평이 나 있는 대만臺灣의 불타교육기금회佛陀敎育基金會에서 출판한 『화엄경소초華嚴經疏鈔』본입니다.

2. 『대방광불화엄경 강설』은 실차난타實叉難陀가 695년부터 699년까지 4년에 걸쳐 번역해 낸 80권본卷本 『대방광불화엄경』을 우리말로 옮기고 강설을 붙인 것입니다.

3. 『대방광불화엄경』은 애초 산스크리트에서 한역漢譯된 경전이지만 현재 산스크리트 본은 소실된 상태입니다. 산스크리트를 음차한 경우 굳이 원래 소리를 표기하려고 하기보다는 『표준국어대사전』이나 『불교사전』 등에 등재된 한자음을 사용하는 것을 원칙으로 하였습니다.

4. 경문의 한글 번역은 동국역경원본을 참고하여 그대로 또는 첨삭을 하며 의미대로 번역하고 다듬었습니다.

5. 각 품마다 내용에 따라 단락을 나누고 제목을 달았습니다. 단락의 제목은 주로 청량淸凉스님의 견해에 기초하였고 이통현李通玄장자의 견해를 참고로 하였습니다.

6. 『대방광불화엄경 강설』의 발행 순서는 한역 경전의 편재 순서를 기준으로 하였고 각 권은 단행본 한 권씩으로 출간될 예정이며 모두 80권으로 완간됩니다. 다만 80권본에 빠져 있는 「보현행원품」은 80권본 완역 및 강설 후 시리즈에 포함돼 추가될 예정입니다.

7. 『대방광불화엄경 강설』 안에서 불교용어를 풀이한 것은 운허스님이 저술하고 동국역경원에서 편찬한 『불교사전』을 인용하였습니다.

8. 각주의 청량스님의 소疏는 대만에서 입력한 大方廣佛華嚴經 사이트의 것을 사용하였습니다.

9. 『대방광불화엄경 강설』 입법계품에 들어가는 문수지남도는 북송北宋시대 불국佛國 선사가 선재동자가 53명의 선지식을 친견하여 법을 구하는 장면을 하나하나 그림으로 그린 것입니다.

대방광불화엄경 강설
제 68 권

三十九. 입법계품入法界品 9

실차난타實叉難陀 한역
무비스님 강설

서문

선지식은 곧 진여로부터 오신 진여자성 그 자체인 여래이십니다.

또 선지식은 모든 진리의 가르침을 설하여 일체 중생에게 번뇌의 열기를 식혀 주는 여름날의 시원한 비구름이십니다.

또 선지식은 한량없는 공덕을 닦아서 수미산보다 더 높이 쌓아 모으게 하는 창고이십니다.

또 선지식은 백천만겁에도 만나기 어려운 매우 귀한 분이십니다.

또 선지식은 여래가 갖추신 열 가지 힘[+力]을 갖추게 하는 더없는 보배의 원인이십니다.

또 선지식은 어리석은 세상의 캄캄한 어둠을 환하게 밝히는 다함없는 지혜의 횃불이십니다.

또 선지식은 한량없는 복덕을 길러내는 복덕의 뿌리이며 그 새싹이십니다.

　또 선지식은 일체 지혜를 갖추게 하는 그 첫 문이십니다.

　또 선지식은 험난하고 막막한 인생 바다를 바른 길로 잘 안내하는 지혜로운 안내자이십니다.

　또 선지식은 일체 지혜에 이르는 길을 낱낱이 살펴 주고 도와주는 시설물이며 도구이십니다.

　이와 같은 선지식은 곧 우리들이 읽고 있는 이 화엄경입니다.

2017년 9월 1일
신라 화엄종찰 금정산 범어사
如天 無比

대방광불화엄경 목차

제1권	1. 세주묘엄품世主妙嚴品 [1]		제18권	18. 명법품明法品
제2권	1. 세주묘엄품世主妙嚴品 [2]		제19권	19. 승야마천궁품昇夜摩天宮品
제3권	1. 세주묘엄품世主妙嚴品 [3]			20. 야마천궁게찬품夜摩天宮偈讚品
제4권	1. 세주묘엄품世主妙嚴品 [4]			21. 십행품十行品 [1]
제5권	1. 세주묘엄품世主妙嚴品 [5]		제20권	21. 십행품十行品 [2]
제6권	2. 여래현상품如來現相品		제21권	22. 십무진장품十無盡藏品
제7권	3. 보현삼매품普賢三昧品		제22권	23. 승도솔천궁품昇兜率天宮品
	4. 세계성취품世界成就品		제23권	24. 도솔궁중게찬품兜率宮中偈讚品
제8권	5. 화장세계품華藏世界品 [1]			25. 십회향품十廻向品 [1]
제9권	5. 화장세계품華藏世界品 [2]		제24권	25. 십회향품十廻向品 [2]
제10권	5. 화장세계품華藏世界品 [3]		제25권	25. 십회향품十廻向品 [3]
제11권	6. 비로자나품毘盧遮那品		제26권	25. 십회향품十廻向品 [4]
제12권	7. 여래명호품如來名號品		제27권	25. 십회향품十廻向品 [5]
	8. 사성제품四聖諦品		제28권	25. 십회향품十廻向品 [6]
제13권	9. 광명각품光明覺品		제29권	25. 십회향품十廻向品 [7]
	10. 보살문명품菩薩問明品		제30권	25. 십회향품十廻向品 [8]
제14권	11. 정행품淨行品		제31권	25. 십회향품十廻向品 [9]
	12. 현수품賢首品 [1]		제32권	25. 십회향품十廻向品 [10]
제15권	12. 현수품賢首品 [2]		제33권	25. 십회향품十廻向品 [11]
제16권	13. 승수미산정품昇須彌山頂品		제34권	26. 십지품十地品 [1]
	14. 수미정상게찬품須彌頂上偈讚品		제35권	26. 십지품十地品 [2]
	15. 십주품十住品		제36권	26. 십지품十地品 [3]
제17권	16. 범행품梵行品		제37권	26. 십지품十地品 [4]
	17. 초발심공덕품初發心功德品		제38권	26. 십지품十地品 [5]

제39권	26. 십지품十地品 [6]		제58권	38. 이세간품離世間品 [6]
제40권	27. 십정품十定品 [1]		제59권	38. 이세간품離世間品 [7]
제41권	27. 십정품十定品 [2]		제60권	39. 입법계품入法界品 [1]
제42권	27. 십정품十定品 [3]		제61권	39. 입법계품入法界品 [2]
제43권	27. 십정품十定品 [4]		제62권	39. 입법계품入法界品 [3]
제44권	28. 십통품十通品		제63권	39. 입법계품入法界品 [4]
	29. 십인품十忍品		제64권	39. 입법계품入法界品 [5]
제45권	30. 아승지품阿僧祇品		제65권	39. 입법계품入法界品 [6]
	31. 여래수량품如來壽量品		제66권	39. 입법계품入法界品 [7]
	32. 보살주처품菩薩住處品		제67권	39. 입법계품入法界品 [8]
제46권	33. 불부사의법품佛不思議法品 [1]		**제68권**	**39. 입법계품入法界品 [9]**
제47권	33. 불부사의법품佛不思議法品 [2]		제69권	39. 입법계품入法界品 [10]
제48권	34. 여래십신상해품如來十身相海品		제70권	39. 입법계품入法界品 [11]
	35. 여래수호광명공덕품如來隨好光明功德品		제71권	39. 입법계품入法界品 [12]
제49권	36. 보현행품普賢行品		제72권	39. 입법계품入法界品 [13]
제50권	37. 여래출현품如來出現品 [1]		제73권	39. 입법계품入法界品 [14]
제51권	37. 여래출현품如來出現品 [2]		제74권	39. 입법계품入法界品 [15]
제52권	37. 여래출현품如來出現品 [3]		제75권	39. 입법계품入法界品 [16]
제53권	38. 이세간품離世間品 [1]		제76권	39. 입법계품入法界品 [17]
제54권	38. 이세간품離世間品 [2]		제77권	39. 입법계품入法界品 [18]
제55권	38. 이세간품離世間品 [3]		제78권	39. 입법계품入法界品 [19]
제56권	38. 이세간품離世間品 [4]		제79권	39. 입법계품入法界品 [20]
제57권	38. 이세간품離世間品 [5]		제80권	39. 입법계품入法界品 [21]
			제81권	40. 보현행원품普賢行願品

대방광불화엄경 강설 제68권

三十九. 입법계품入法界品 9

【 지말법회의 53선지식 】

【 십회향 선지식 】

26. 바수밀다녀 ··15
　1) 바수밀다녀를 뵙고 법을 묻다 ···················15
　　(1) 가르침에 의지하여 이익 이룸을 밝히다 ·······15
　　(2) 선지식을 찾으므로 의심을 사다 ················17
　　(3) 선재동자를 찬탄하다 ····························20
　2) 공경을 나타내고 법을 묻다 ······················22
　　(1) 바수밀다 선지식의 의보 ·························22
　　(2) 바수밀다 선지식의 정보 ·························26
　　(3) 공경을 나타내고 법을 묻다 ·····················29
　3) 바수밀다 선지식이 법을 설하다 ··················30

   　(1) 탐욕 떠난 해탈의 작용을 밝히다 ················30
   　(2) 법을 얻은 인연을 밝히다 ····················37
   4) 자기는 겸손하고 다른 이의 수승함을 추천하다 ·········40
   5) 다음 선지식 찾기를 권유하다 ····················41

27. 비슬지라거사 ··43
   1) 비슬지라거사를 뵙고 법을 묻다 ··················43
   2) 비슬지라거사가 법을 설하다 ····················44
   　(1) 열반에 들지 않는 해탈 ······················44
   　(2) 불종무진 삼매의 경계 ······················47
   3) 자기는 겸손하고 다른 이의 수승함을 추천하다 ·········54
   4) 다음 선지식 찾기를 권유하다 ····················56

28. 관자재보살 ··61
   1) 관자재보살을 뵙고 법을 묻다 ····················61
   　(1) 가르침에 의지하여 선지식을 찾다 ················61
   　(2) 선지식의 의미를 생각하다 ····················63
   　(3) 선재동자를 찬탄하다 ······················67
   　(4) 공경을 나타내고 법을 묻다 ····················70
   2) 관자재보살이 법을 설하다 ······················71

3) 자기는 겸손하고 다른 이의 수승함을 추천하다 ················78
4) 다음 선지식 찾기를 권유하다 ································80

29. 정취보살 ···85
　1) 정취보살을 뵙고 법을 묻다 ···································85
　2) 정취보살이 법을 설하다 ·····································86
　　(1) 보문속질행 해탈을 얻다 ·································86
　　(2) 보승생 부처님에게 법문을 듣다 ·························89
　3) 자기는 겸손하고 다른 이의 수승함을 추천하다 ················93
　4) 다음 선지식 찾기를 권유하다 ································94

30. 대천신 ···97
　1) 대천신을 뵙고 법을 묻다 ·····································97
　　(1) 가르침에 의지하여 선지식을 찾다 ·························97
　　(2) 공경을 나타내고 법을 묻다 ······························99
　2) 대천신이 법을 설하다 ······································100
　　(1) 보살은 만나기 어렵다 ·································100
　　(2) 운망 해탈의 경계를 보이다 ····························103
　　　1〉 갖가지 보물과 꽃을 나타내 보이다 ···················103
　　　2〉 갖가지 물건을 보시하다 ····························106
　　　3〉 갖가지 방편으로 중생을 구제하다 ····················108

3) 자기는 겸손하고 다른 이의 수승함을 추천하다 ·············112

4) 다음 선지식 찾기를 권유하다 ······························114

31. 안주신 ··117

1) 안주신을 뵙고 법을 묻다 ··117

  (1) 땅의 신들이 선재동자를 찬탄하다 ······················117

  (2) 안주신과 땅의 신들이 큰 광명을 놓다 ···············119

2) 안주신이 법을 설하다 ···122

  (1) 백천 아승지 보장을 나타내 보이다 ····················122

  (2) 불가괴지혜장 해탈문을 얻다 ·······························124

  (3) 과거 묘안 부처님에게 법문을 얻다 ····················127

3) 자기는 겸손하고 다른 이의 수승함을 추천하다 ·············130

4) 다음 선지식 찾기를 권유하다 ··································131

【 십지위 선지식 】

32. 바산바연저주야신 ···133

1) 바산바연저주야신을 뵙고 법을 묻다 ·······················133

  (1) 가르침을 생각하며 선지식을 찾다 ······················133

  (2) 공경을 나타내고 법을 묻다 ································137

    1〉 바산바연저주야신 ··137

    2〉 지혜에 이르는 길을 묻다 ·································141

2) 바산바연저주야신이 법을 설하다 ·····················143
　　　(1) 모든 어둠을 깨뜨리는 광명 해탈을 얻다 ··············143
　　　　1〉 중생들에게 갖가지 마음을 일으키다　·············143
　　　　2〉 중생들의 갖가지 고난을 구제하다　··············147
　　　(2) 해탈의 뜻을 게송으로 거듭 펴다 ·····················172
　　　　1〉 법문의 본체 ···································172
　　　　2〉 원인을 들어서 수행하기를 권하다　·············173
　　　　3〉 결과를 들어서 들어가기를 권하다　·············176
　　　　4〉 업의 작용이 광대함을 밝히다　················183
　　　(3) 보리심을 발하던 옛일을 밝히다 ·····················187
　　　(4) 어둠을 깨뜨리는 광명 해탈 얻음을 밝히다 ··············193
　3) 자기는 겸손하고 다른 이의 수승함을 추천하다　··········203
　4) 다음 선지식 찾기를 권유하다 ···························205
　5) 선재동자가 찬탄하고 물러가다 ··························206

대방광불화엄경 강설
제68권
三十九. 입법계품 9

문수지남도 제26. 선재동자가 바수밀다녀를 친견하다.

26. 바수밀다녀 婆須蜜多女
제5 무진공덕장회향無盡功德藏廻向 선지식

1) 바수밀다녀를 뵙고 법을 묻다

(1) 가르침에 의지하여 이익 이룸을 밝히다

爾時_에 善財童子_가 大智光明_{으로} 照啓其心_{하야}
思惟觀察_{하야} 見諸法性_{하야}

그때에 선재동자는 큰 지혜의 광명이 그의 마음을 비추어서 사유하고 관찰하여 모든 법의 성품을 보았습니다.

得了知一切言音陀羅尼門하며 得受持一切法
輪陀羅尼門하며 得與一切衆生作所歸依大悲力
하며 得觀察一切法義理光明門하며

일체 음성을 아는 다라니문을 얻었으며, 일체 법륜을 받아 지니는 다라니문을 얻었으며, 일체 중생들의 돌아가 의지할 데가 되는 가엾이 여기는 힘을 얻었으며, 일체 법의 이치를 관찰하는 광명의 문을 얻었습니다.

得充滿法界清淨願하며 得普照十方一切法智光明하며 得徧莊嚴一切世界自在力하며 得普發起一切菩薩業圓滿願하고 漸次遊行하니라

법계에 가득한 청정한 서원을 얻었으며, 시방의 모든 법을 두루 비추는 지혜의 광명을 얻었으며, 모든 세

계를 두루 장엄하는 자유자재한 힘을 얻었으며, 모든 보살의 업을 널리 발하여 일으키는 원만한 서원을 얻고 점점 나아갔습니다.

그동안 선재동자가 선지식을 친견하여 법을 배우고 법의 이익을 얻은 것에 대하여 밝혔다. 모든 보살행은 지혜의 광명으로부터 시작한다. 선재동자도 지혜의 광명으로 그 마음을 비추어 사유하고 관찰하여 모든 법의 성품을 보았다. 그것으로 일체 음성을 아는 다라니문과 일체 법륜을 받아 지니는 다라니문 등을 얻었다.

(2) 선지식을 찾으므로 의심을 사다

至險難國寶莊嚴城하야 處處尋覓婆須蜜多女
지험난국보장엄성　　　처처심멱바수밀다녀

城中有人이 不知此女의 功德智慧하고 作如是
러니 성중유인　부지차녀　공덕지혜　작여시

念호대
념

험난국險難國의 보배로 장엄된 성에 이르러 곳곳에서 바수밀다 여인을 찾았더니, 성중城中의 어떤 사람은 이 여인의 공덕과 지혜를 알지 못하고 이렇게 생각하였습니다.

今此童子가 諸根寂靜하고 智慧明了하야 不迷不亂하며 諦視一尋하야 無有疲懈하며 無所取着하야 目視不瞬하고 心無所動하며 甚深寬廣이 猶如大海하니

'지금 이 동자는 모든 감관이 고요하고 지혜가 명료하며, 미혹하지도 않고 산란하지도 않으며, 한 길까지만 자세히 보고 게으르지도 않고 집착함도 없으며, 눈을 깜박이지 않고 마음이 흔들리지도 않으며, 매우 깊고 넓은 것이 큰 바다와 같다.

不應^{불응}於此婆須蜜女^{어차바수밀녀}에 有貪愛心^{유탐애심}하며 有顚倒心^{유전도심}하야 生於淨想^{생어정상}하고 生於欲想^{생어욕상}이며 不應爲此女色^{불응위차여색}의 所攝^{소섭}이라

응당 이 바수밀다 여인에게 탐하고 애착하는 마음이나 뒤바뀐 마음이 없을 것이며, 청정하다는 생각을 내거나 욕심을 내어서 이 여인에게 포섭되지도 않을 것이다.

此童子者^{차동자자}는 不行魔行^{불행마행}하며 不入魔境^{불입마경}하며 不沒欲泥^{불몰욕니}하며 不被魔縛^{불피마박}하야 不應作處^{불응작처}에 已能不作^{이능부작}이어늘 有何等意^{유하등의}하야 而求此女^{이구차녀}아

이 동자는 마(魔)의 행을 행하지도 않고, 마의 경계에 들어가지도 않고, 탐욕의 수렁에 빠지지도 않고, 마의

속박을 받지도 아니하여 응당 하지 아니할 것은 이미 능히 하지 않을 것이거늘, 무슨 뜻으로 이 여인을 구하는가?'라고 생각하였습니다.

바수밀다 선지식은 아주 특별한 선지식이다. 밖으로는 소위 기생인 듯하지만 안으로는 아주 훌륭한 보살이다. 그래서 바수밀다 여인을 잘 알지 못하는 사람들이 그와 같은 여인을 찾아가는 선재동자를 의심하는 생각을 밝혔다.

(3) 선재동자를 찬탄하다

其中有人이 先知此女의 有智慧者하고 告善財言호대 善哉善哉라 善男子여 汝今乃能推求尋覓 婆須蜜女하니 汝已獲得廣大善利로다

그 사람들 중에는 이 여인이 지혜가 있는 줄을 먼저 아는 이가 있어서 선재동자에게 말하였습니다. "훌륭하

고 훌륭합니다. 선남자여, 그대가 이제 이 바수밀다 여인을 찾으니 그대는 이미 광대한 좋은 이익을 얻었습니다."

善男子_야 汝應決定求佛果位_{하며} 決定欲爲一切衆生_{하야} 作所依怙_{하며} 決定欲拔一切衆生_의 貪愛毒箭_{하며} 決定欲破一切衆生_의 於女色中所有淨想_{이로다}

"선남자여, 그대는 응당 결정코 부처님의 과위果位를 구할 것이며, 결정코 일체 중생을 위하여 의지가 될 것이며, 결정코 일체 중생의 탐애의 화살을 뽑을 것이며, 결정코 일체 중생이 여색女色에 대하여 가지는 깨끗하다는 생각을 깨뜨리게 할 것입니다."

바수밀다 여인을 잘 아는 사람들은 그를 찾아가는 선재동자에 대해서 결정코 부처님의 과위果位를 구할 것이며, 결정코 일체 중생을 위하여 의지가 될 것이며, 결정코 일체 중생의 탐애의 화살을 뽑을 것이라고 찬탄하였다.

善_선男_남子_자야 婆_바須_수蜜_밀女_녀가 於_어此_차城_성內_내市_시廛_전之_지北_북自_자宅_택中_중住_주니라

"선남자여, 바수밀다 여인은 이 성 안의 저자 북쪽에 있는 자기 집에 있습니다."

2) 공경을 나타내고 법을 묻다

(1) 바수밀다 선지식의 의보依報

時_시에 善_선財_재童_동子_자가 聞_문是_시語_어已_이하고 歡_환喜_희踊_용躍_약하야 往_왕詣_예其_기門_문하니라 見_견其_기住_주宅_택하니 廣_광博_박嚴_엄麗_려하야 寶_보牆_장寶_보

수   급이보참   일일개유십중위요   기보참
樹와 及以寶塹이 一一皆有十重圍繞이어든 其寶塹

중   향수영만   금사포지
中에 香水盈滿하고 金沙布地하고

그때에 선재동자는 이 말을 듣고 기뻐 뛰면서 그녀의 집 문 앞에 이르렀습니다. 그 집을 살펴보니, 크고 넓고 화려하여 보배 담과 보배 나무와 보배 해자[塹]가 각각 열 겹으로 둘러 있고, 그 해자에는 향수가 가득하고 금 모래가 깔려 있었습니다.

    제천보화   우발라화   파두마화   구물두화
諸天寶華와 優鉢羅華와 波頭摩華와 拘物頭華

  분타리화   변부수상
와 芬陀利華가 徧覆水上하며

모든 하늘의 보배 꽃과 우발라 꽃과 파두마 꽃과 구물두 꽃과 분타리 꽃이 물 위에 가득 피어 있었습니다.

宮殿樓閣이 處處分布하며 門闥窓牖가 相望間列하며 咸施網鐸하고 悉置幡幢하며 無量珍奇로 以爲嚴飾하며

궁전과 누각이 여기저기 세워졌는데 문과 창호가 가는 곳마다 마주 서 있고 모두 그물과 풍경을 베풀었으며, 번기와 당기를 세우고 한량없는 보배로 훌륭하게 꾸미었습니다.

瑠璃爲地하야 衆寶間錯하며 燒諸沈水하고 塗以栴檀하며 懸衆寶鈴하야 風動成音하며

유리로 땅이 되었는데 여러 가지 보배가 사이사이에 장식되었고, 여러 가지 침수향을 피우고 전단향을 발랐으며, 여러 개의 보배 풍경은 바람에 흔들려 아름다운 소리를 내었습니다.

산제천화   변포기지   종종엄려   불가
散諸天華하야 **徧布其地**하며 **種種嚴麗**가 **不可**
칭설   제진보장   기수백천   십대원림
稱說이며 **諸珍寶藏**이 **其數百千**이며 **十大園林**으로
이위장엄
以爲莊嚴이러라

　온갖 하늘 꽃을 흩어 땅에 깔았으니 갖가지로 화려하고 아름다워 이루 말할 수 없으며, 모든 보물 창고는 그 수가 백천이나 되고, 열 군데의 큰 동산 숲으로 장엄하였습니다.

　바수밀다 선지식의 의보依報를 밝힌다. 곧 그가 사는 집이 어떠한가를 밝혔는데 마치 천자가 사는 궁전과도 같이 주위를 돌아가면서 해자까지 있고, 그 해자에는 온갖 아름다운 꽃이 만발하였다. 뜰은 뜰대로 온갖 꽃이 만발하였고 보배 창고가 곳곳에 늘어서 있다. 또 열 개의 큰 동산 숲이 에워싸고 있어서 그 장엄을 말로 다 표현할 수 없다.

(2) 바수밀다 선지식의 정보正報

爾時_에 善財_가 見此女人_{하니} 顏貌端嚴_{하고} 色相
圓滿_{하며} 皮膚金色_{이요} 目髮紺靑_{이며} 不長不短_{하고}
不麤不細_{하야} 欲界人天_이 無能與比_며

그때에 선재동자가 그 여인을 보니 용모는 단정하고 모습이 원만하며, 살갗은 금빛이요 눈매와 머리카락이 검푸르러 길지도 짧지도 않고 크지도 작지도 않아서 욕심세계의 사람이나 천신들로는 비교할 수 없었습니다.

音聲_이 美妙_{하야} 超諸梵世_{하며} 一切衆生_의 差別
言音_이 悉皆具足_{하야} 無不解了_{하야} 深達字義_{하야}
善巧談說_{하며}

음성이 미묘하여 범천보다도 뛰어나며, 모든 중생의

갖가지 말을 모두 구족하여 알지 못함이 없으며, 문자와 이치를 깊이 통달하여 담론과 설법이 매우 능란하였습니다.

得^득如^여幻^환智^지하야 入^입方^방便^편門^문하며 衆^중寶^보瓔^영珞^락과 及^급諸^제嚴^엄具^구로 莊^장嚴^엄其^기身^신하며 如^여意^의摩^마尼^니로 以^이爲^위寶^보冠^관하야 而^이冠^관其^기首^수하며

환술과 같은 지혜를 얻어 방편의 문에 들어갔고, 온갖 보배 영락과 모든 장엄거리로 그 몸을 장엄하고 여의마니로 관을 만들어 그 머리에 썼습니다.

復^부有^유無^무量^량眷^권屬^속圍^위繞^요에 皆^개其^기善^선根^근하고 同^동一^일行^행願^원하야 福^복德^덕大^대藏^장이 具^구足^족無^무盡^진이어든

또 한량없는 권속들이 둘러 모였으니 그 선근이 같고 행과 소원이 같아서 복덕의 큰 갈무리가 구족하여 다함이 없었습니다.

시 바수밀다녀 종기신출광대광명 보
時에 **婆須蜜多女**가 **從其身出廣大光明**하야 **普**

조택중일체궁전 우사광자 신득청량
照宅中一切宮殿하시니 **遇斯光者**가 **身得淸涼**이러라

그때에 바수밀다 여인이 몸에서 광대한 광명을 놓아 그 집의 모든 궁전을 널리 비추니, 이 광명을 받은 이는 몸이 서늘하고 상쾌하여졌습니다.

바수밀다 선지식의 정보正報를 밝혔다. 먼저 "용모는 단정하고 모습이 원만하며 살갗은 금빛이요, 눈매와 머리카락이 검푸르러 길지도 짧지도 않고 크지도 작지도 않아서 욕심세계의 사람이나 천신들로는 비교할 수 없었다."는 등으로 외모를 설명하고, 그리고 아름다운 음성과 지식과 지혜도 낱낱이 밝혔다. 끝으로 "몸에서 광대한 광명을 놓아 그

집의 모든 궁전을 널리 비추니, 이 광명을 받은 이는 몸이 서늘하고 상쾌하여졌다."고 하였다.

(3) 공경을 나타내고 법을 묻다

爾時_에 善財_가 前詣其所_{하야} 頂禮其足_{하며} 合掌而住_{하야} 白言_{호대} 聖者_여 我已先發阿耨多羅三藐三菩提心_{호니} 而未知菩薩_이 云何學菩薩行_{이며} 云何修菩薩道_{리잇고} 我聞聖者_는 善能敎誨_{라하니} 願爲我說_{하소서}

그때에 선재동자가 그 앞에 나아가 발에 엎드려 절하고 합장하고 서서 말하였습니다. "거룩하신 이여, 저는 이미 아뇩다라삼먁삼보리심을 내었습니다. 그러나 보살이 어떻게 보살의 행을 배우며 어떻게 보살의 도를 닦는지를 알지 못합니다. 제가 들으니 거룩하신 이께서 잘 가르치신다 하오니 원컨대 저를 위하여 말씀하여 주십시오."

3) 바수밀다 선지식이 법을 설하다

(1) 탐욕 떠난 해탈의 작용을 밝히다

彼卽告言_{하사대} 善男子_야 我得菩薩解脫_{호니} 名
離貪欲際_니 隨其欲樂_{하야} 而爲現身_{호대}

그가 곧 말하였습니다. "선남자여, 저는 보살의 해탈을 얻었으니 이름이 '탐욕의 경계를 여읨'입니다. 그들의 욕망을 따라 몸을 나타냅니다."

若天見我_{인댄} 我爲天女_{하야} 形貌光明_이 殊勝
無比_{하며} 如是乃至人非人等_이 而見我者_면 我卽

위현인비인녀   수기낙욕   개령득견
爲現人非人女하야 **隨其樂欲**하야 **皆令得見**하며

"만약 천신들이 나를 볼 적에는 나는 천녀의 형상이 되어 광명이 수승하여 비길 데 없으며, 이와 같이 내지 사람이나 사람 아닌 이가 볼 적에는 곧 내가 사람과 사람 아닌 이의 여인이 되어 그들의 욕망을 따라 모두 나를 보게 합니다."

약 유 중 생   욕 의 소 전   내 예 아 소   아 위 설
若有衆生이 **欲意所纏**으로 **來詣我所**하면 **我爲說**

법   피문법이   즉이탐욕   득보살무착경계
法하야 **彼聞法已**에 **則離貪欲**하고 **得菩薩無着境界**

삼매
三昧하며

"만약 어떤 중생이 애욕에 얽매여 나에게 오면 내가 그에게 법을 설하여 그가 법을 듣고는 곧 탐욕이 없어지고 보살의 집착 없는 경계의 삼매를 얻게 됩니다."

_{약유중생　잠견어아　　즉이탐욕　　득보}
若有衆生이 **暫見於我**하면 **則離貪欲**하고 **得菩**

_{살환희삼매}
薩歡喜三昧하며

"만약 어떤 중생이 잠깐만 나를 보아도 곧 탐욕이 없어지고 보살의 환희 삼매를 얻게 됩니다."

_{약유중생　잠여아어　　즉이탐욕　　득보살}
若有衆生이 **暫與我語**하면 **則離貪欲**하고 **得菩薩**

_{무애음성삼매}
無礙音聲三昧하며

"만약 어떤 중생이 잠깐만 나와 같이 말을 하여도 곧 탐욕이 없어지고 보살의 걸림 없는 음성 삼매를 얻게 됩니다."

_{약유중생　잠집아수　　즉이탐욕　　득보살}
若有衆生이 **暫執我手**하면 **則離貪欲**하고 **得菩薩**

변왕일체불찰삼매
徧往一切佛刹三昧하며

 "만약 어떤 중생이 잠깐만 내 손을 잡아도 곧 탐욕이 없어지고 보살의 모든 부처님 세계에 두루 가는 삼매를 얻게 됩니다."

약유중생 잠승아좌   즉이탐욕   득보
若有衆生이 **暫昇我座**하면 **則離貪欲**하고 **得菩**
살해탈광명삼매
薩解脫光明三昧하며

 "만약 어떤 중생이 내 자리에 잠깐만 올라와도 곧 탐욕이 없어지고 보살의 해탈한 광명 삼매를 얻게 됩니다."

약유중생 잠관어아   즉이탐욕   득보
若有衆生이 **暫觀於我**하면 **則離貪欲**하고 **得菩**
살적정장엄삼매
薩寂靜莊嚴三昧하며

 "만약 어떤 중생이 잠깐만 나를 살펴보아도 곧 탐욕이

없어지고 보살의 고요하게 장엄한 삼매를 얻게 됩니다."

若有衆生이 見我頻申하면 則離貪欲하고 得菩薩摧伏外道三昧하며

"만약 어떤 중생이 잠깐만 나의 기지개 펴는 것을 보아도 곧 탐욕이 없어지고 보살의 외도를 굴복시키는 삼매를 얻게 됩니다."

若有衆生이 見我目瞬하면 則離貪欲하고 得菩薩佛境界光明三昧하며

"만약 어떤 중생이 내가 눈을 깜빡이는 것을 보기만 하여도 곧 탐욕이 없어지고 보살의 부처님 경계 광명 삼매를 얻게 됩니다."

약유중생 포지어아   즉이탐욕   득보
若有衆生이 **抱持於我**하면 **則離貪欲**하고 **得菩**

살섭일체중생항불사리삼매
薩攝一切衆生恒不捨離三昧하며

 "만약 어떤 중생이 나를 끌어안으면 곧 탐욕이 없어지고 보살의 일체 중생을 거두어 주고 항상 떠나지 않는 삼매를 얻게 됩니다."

약유중생 삽아순문   즉이탐욕   득보살
若有衆生이 **唼我脣吻**하면 **則離貪欲**하고 **得菩薩**

증장일체중생복덕장삼매
增長一切衆生福德藏三昧하며

 "만약 어떤 중생이 나의 입술을 한 번만 맞추면 곧 탐욕이 없어지고 보살의 일체 중생의 복덕을 증장하게 하는 삼매를 얻게 됩니다."

범유중생 친근어아   일체개득주리탐제
凡有衆生이 **親近於我**하면 **一切皆得住離貪際**

하야 入菩薩一切智地現前無礙解脫이니라
입 보 살 일 체 지 지 현 전 무 애 해 탈

"무릇 어떤 중생이나 나를 가까이하면 모두 다 탐욕을 여의는 경계에 머물러 보살의 일체 지혜의 경지가 앞에 나타나는 걸림 없는 해탈에 들어가게 됩니다."

바수밀다 선지식이 법을 설하는데 탐욕을 떠난 해탈의 작용을 밝혔다. 선지식은 내면은 큰 보살이고 외면은 세상에서 말하는 기생이므로 사람들이 이 기생을 찾아와서 하게 되는 일반적인 행위를 하나하나 들고, 끝내에는 "만약 어떤 중생이 애욕에 얽매여 나에게 오면 내가 그에게 법을 설하여 그가 법을 듣고는 곧 탐욕이 없어지고 보살의 집착 없는 경계의 삼매를 얻게 됩니다."라는 등 그 법의 공덕을 낱낱이 밝혔다.

"만약 어떤 중생이 잠깐만 나를 보거나, 잠깐만 나와 같이 말을 하거나, 잠깐만 내 손을 잡거나, 잠깐만 내 자리에 올라오거나, 잠깐만 나의 기지개 펴는 것을 보거나 하는 등에도 모두 그에 합당한 보살의 삼매를 얻게 된다."고 하였다. 참으로 기이하고도 놀라운 선지식이 아닐 수 없다.

(2) 법을 얻은 인연을 밝히다

善財_{선재}가 白言_{백언}호대 聖者_{성자}여 種何善根_{종하선근}하며 修何福業_{수하복업}하야 而得成就如是自在_{이득성취여시자재}니잇고

선재동자가 말하였습니다. "거룩하신 이께서는 어떠한 선근을 심고 무슨 복업을 지으셨기에 이와 같이 자재함을 성취하였습니까?"

答言_{답언}하사대 善男子_{선남자}야 我念過去_{아념과거}에 有佛出世_{유불출세}하시니 名爲高行_{명위고행}이요 其王都城_{기왕도성}은 名曰妙門_{명왈묘문}이라

바수밀다 여인이 대답하였습니다. "선남자여, 저는 지난 세상에 부처님이 출현하셨으니 이름이 고행高行이고, 그 나라의 도성은 묘문妙門이었습니다."

善男子야 彼高行如來가 哀愍衆生하사 入於王城할새 蹈彼門閫하시니 其城一切가 悉皆震動하며 忽然廣博하며 衆寶莊嚴하며 無量光明이 遞相映徹하며 種種寶華가 散布其地하며 諸天音樂이 同時俱奏하며 一切諸天이 充滿虛空이러라

"선남자여, 그 고행 여래께서 중생을 불쌍히 여기시고 도성에 들어오시어 성문城門의 턱을 밟으시니, 그 성 안에 있던 모든 것이 진동하며 홀연히 넓어지고 온갖 보배로 장엄하며, 한량없는 광명이 서로 비추고, 가지각색 보배 꽃을 땅에 흩으며 모든 하늘의 풍류를 한꺼번에 연주하고 일체 모든 천신들이 허공에 가득하였습니다."

선남자　　아어피시　　위장자처　　　명왈선혜
善男子야 **我於彼時**에 **爲長者妻**하니 **名曰善慧**라

견불신력　　　심생각오　　　즉여기부　　　왕예불소
見佛神力하고 **心生覺悟**하야 **則與其夫**로 **往詣佛所**

　　　이일보전　　　이위공양　　　시시　　문수사리동
하야 **以一寶錢**으로 **而爲供養**호니 **是時**에 **文殊師利童**

자　　위불시자　　위아설법　　　영발아뇩다라삼먁
子가 **爲佛侍者**라 **爲我說法**하사 **令發阿耨多羅三藐**

삼보리심
三菩提心케하시니라

"선남자여, 저는 그때에 한 장자의 아내가 되었는데 이름이 선혜善慧였습니다. 부처님의 신통을 보고 마음을 깨달았습니다. 곧 남편과 함께 부처님 계신 데 나아가서 보배 돈 한 푼으로 공양하였더니, 그때에 문수사리동자가 부처님의 시자가 되었다가 나를 위하여 법을 설하여 아뇩다라삼먁삼보리심을 내게 하였습니다."

바수밀다 선지식이 자신이 법을 얻은 인연을 밝혔는데 지난 세상에 고행高行 여래 계실 때에 부부가 함께 부처님 앞에 나아가서 보배 돈 한 푼을 보시하였고, 그것으로 인하여 문

수사리동자가 법을 설하여 보리심을 발하게 되었다는 것이다.

4) 자기는 겸손하고 다른 이의 수승함을 추천하다

善男子_야 我唯知此菩薩離貪際解脫_{이어니와} 如諸菩薩摩訶薩_은 成就無邊巧方便智_{하야} 其藏廣大_{하야} 境界無比_니 而我云何能知能說彼功德行_{이리오}

"선남자여, 저는 다만 이 보살의 탐욕의 경계를 여읜 해탈을 알지만 모든 보살마하살은 그지없이 교묘한 방편의 지혜를 성취하여 그 광대한 장藏의 경계가 비길 데 없습니다. 그러나 제가 어떻게 그 공덕의 행을 능히 알며 능히 말할 수 있겠습니까."

5) 다음 선지식 찾기를 권유하다

善男子ᅡ야 於此南方에 有城하니 名善度요 中有
居士하니 名鞞瑟胝羅라 彼常供養栴檀座佛塔하나니
汝詣彼問호대 菩薩이 云何學菩薩行이며 修菩薩道
리잇고하라 時에 善財童子가 頂禮其足하며 繞無量帀
하며 慇懃瞻仰하고 辭退而去하니라

"선남자여, 여기서 남쪽에 성이 있으니 이름이 선도善度요, 그 성에 거사가 있는데 이름이 비슬지라鞞瑟胝羅입니다. 그는 항상 전단좌 부처님 탑에 공양합니다. 그대는 그에게 가서 '보살이 어떻게 보살의 행을 배우며 보살의 도를 닦습니까?'라고 물으십시오." 그때에 선재동자는 그의 발에 엎드려 절하고 한량없이 돌고 은근하게 앙모하면서 하직하고 떠났습니다.

문수지남도 제27, 선재동자가 비슬지라거사를 친견하다.

27. 비슬지라거사 鞞瑟胝羅居士
제6 수순견고일체선근회향 隨順堅固一切善根廻向 선지식

1) 비슬지라거사를 뵙고 법을 묻다

爾時에 善財童子가 漸次遊行하야 至善度城하야
詣居士宅하야 頂禮其足하며 合掌而立하야 白言호대
聖者여 我已先發阿耨多羅三藐三菩提心호니 而
未知菩薩이 云何學菩薩行이며 云何修菩薩道리잇고
我聞聖者는 善能誘誨라하니 願爲我說하소서

그때에 선재동자가 점점 가다가 선도성에 이르러 비

슬지라거사의 집에 나아가 그의 발에 엎드려 절하고 합장하고 서서 말하였습니다. "거룩하신 이여, 저는 이미 아뇩다라삼먁삼보리심을 내었습니다. 그러나 보살이 어떻게 보살의 행을 배우며 어떻게 보살의 도를 닦는지를 알지 못합니다. 제가 들으니 거룩하신 이께서 잘 가르치신다 하오니 원컨대 저를 위하여 말씀하여 주십시오."

2) 비슬지라거사가 법을 설하다

(1) 열반에 들지 않는 해탈

居士가 告言하사대 善男子야 我得菩薩解脫호니
名不般涅槃際라

거사가 말하였습니다. "선남자여, 저는 보살의 해탈을 얻었으니 이름이 '열반의 경계에 들지 않음'입니다."

열반涅槃이란 범어로 Nirvāna이다. 니원泥洹 · 열반나涅槃

䢵라 음역하고, 멸滅・적멸寂滅・멸도滅度・원적圓寂이라 번역한다. 또는 무위無爲・무작無作・무생無生이라고도 번역한다. 모든 번뇌의 속박에서 해탈하고 진리를 궁구하여 미迷한 생사를 초월해서 불생불멸不生不滅의 법을 체득한 경지이다.

소승에서는 몸과 마음이 모두 없어지는 것을 이상으로 하므로 심신이 있고 없음에 따라 유여의有餘依・무여의無餘依의 2종 열반을 세우고, 대승에서는 적극적으로 3덕德과 4덕을 갖춘 열반을 말하며, 실상實相・진여眞如와 같은 뜻으로 본체本體 혹은 실재實在의 의미로도 쓴다. 대적멸大寂滅・대적정大寂定・반열반般涅槃이라고도 한다.

흔히 또 반열반般涅槃이라고도 하는데 범어로 Parinirvāna이다. 입멸入滅・멸도滅度・원적圓寂이라 번역한다. 그냥 열반이라는 말과 같이 쓴다. 번뇌의 속박에서 해탈하고, 진리를 궁구하여 적멸무위寂滅無爲한 법의 성품을 깨달아 불생불멸하는 법신의 진제眞際에 돌아가는 것을 말한다. 곧 부처님이 깨달으신 경지라고도 한다.

善男子 ^야 我不生心言^{호대} 如是如來_가 已般涅槃^{이며} 如是如來_가 現般涅槃^{이며} 如是如來_가 當般涅槃^{이라하노니}

"선남자여, 저는 이와 같이 여래가 이미 열반에 들었다거나, 이와 같이 여래가 지금 열반에 든다거나, 이와 같이 여래가 장차 열반에 들리라거나 하는 생각을 내지 아니합니다."

비슬지라거사가 열반에 들지 않는 해탈을 얻었다는 것은 흔히 말하는 소승열반에 들지 않았다는 뜻이다. 그래서 여래가 이미 열반에 들었다거나, 여래가 지금 열반에 든다거나, 여래가 장차 열반에 들리라거나 하는 생각을 내지 않는 것이다.

我知十方一切世界諸佛如來_가 畢竟無有般涅

반자　유제위욕조복중생　　이시현이
般者요 **唯除爲欲調伏衆生**하야 **而示現耳**로라

"저는 시방 일체 세계의 모든 부처님 여래가 필경에 열반에 드는 이가 없는 줄을 압니다. 오직 중생들을 조복하기 위하여 일부러 보이는 것은 제외될 것입니다."

실로 모든 사람 모든 생명은 이미 본래로 열반에 머물고 있어서 한순간도 열반을 떠날 수 없다. 하물며 부처님이나 보살들이겠는가. 열반이란 이와 같거늘 무슨 능력이 있어서 열반에 들기도 하고 들지 않기도 하는가. 그런데 굳이 열반에 들었다고 하는 것은 어리석은 중생들을 조복하기 위한 방편으로 하는 말일 뿐이다.

(2) 불종무진佛種無盡 삼매의 경계

선남자　아개전단좌여래탑문시　　득삼매
善男子야 **我開栴檀座如來塔門時**에 **得三昧**하니

명불종무진　　선남자　아염념중　입차삼매
名佛種無盡이라 **善男子**야 **我念念中**에 **入此三昧**

하야 **念念得知一切無量殊勝之事**호라
염 념 득 지 일 체 무 량 수 승 지 사

"선남자여, 제가 전단좌 여래의 탑문을 열 때에 삼매를 얻었으니 이름이 불종무진佛種無盡입니다. 선남자여, 저는 생각 생각마다 이 삼매에 들어서 생각 생각마다 모든 한량없이 수승한 일을 압니다."

비슬지라거사는 부처님의 종자가 다함이 없는 불종무진佛種無盡 삼매를 얻어서 무수한 부처님을 친견하게 됨을 밝혔다. 그래서 아래에 선재동자가 그 경계의 내용을 묻자 무수한 부처님을 친견함을 설하였다.

善財가 **白言**호대 **此三昧者**는 **境界云何**니잇고 **居**
선 재   백 언   차 삼 매 자   경 계 운 하   거

士가 **答言**하사대 **善男子**야 **我入此三昧**에 **隨其次第**
사   답 언   선 남 자   아 입 차 삼 매   수 기 차 제

하야 **見此世界**의 **一切諸佛**호니
견 차 세 계   일 체 제 불

선재동자가 물었습니다. "이 삼매는 그 경계가 어떠합니까?" 비슬지라거사가 대답하였습니다. "선남자여, 제가 이 삼매에 들고는 그 차례를 따라 이 세계의 일체 모든 부처님을 친견하였습니다."

소위 가섭불 구나함모니불 구류손불 시
所謂迦葉佛과 **拘那含牟尼佛**과 **拘留孫佛**과 **尸**

기불 비바시불 제사불 불사불 무상승불
棄佛과 **毘婆尸佛**과 **提舍佛**과 **弗沙佛**과 **無上勝佛**과

무상연화불   여시등 이위상수
無上蓮華佛이니 **如是等**이 **而爲上首**라

"이른바 가섭불과 구나함모니불과 구류손불과 시기불과 비바시불과 제사불과 불사불과 무상승불과 무상연화불입니다. 이와 같은 이들이 상수가 되었습니다."

불종무진 삼매에 들고는 그 차례를 따라 이 세계의 일체 모든 부처님을 친견하게 되는데 먼저 과거칠불過去七佛을 들었다. 약간의 가감이 있으나 과거칠불은 비바시불毘婆尸佛·

시기불尸棄佛 · 비사부불毘舍浮佛 · 구류손불拘留孫佛 · 구나함불拘那舍佛 · 가섭불迦葉佛 · 석가모니불釋迦牟尼佛이다.

어일념경　　득견백불　　　득견천불　　　득견백
於一念頃에 **得見百佛**하고 **得見千佛**하고 **得見百**

천불　　득견억불　　천억불　　백천억불　　아유
千佛하고 **得見億佛**과 **千億佛**과 **百千億佛**과 **阿庾**

다억불　　나유타억불　　내지불가설불가설세계
多億佛과 **那由他億佛**과 **乃至不可說不可說世界**

미진수불　　　여시일체　　차제개견
微塵數佛하야 **如是一切**를 **次第皆見**하며

"잠깐 동안에 백 부처님을 친견하고, 천 부처님을 친견하고, 백천 부처님을 친견하고, 억 부처님과 천억 부처님과 백천억 부처님과 아유다억 부처님과 나유타억 부처님과 내지 말할 수 없이 말할 수 없는 세계의 미진수 부처님을 친견하여 이와 같은 모두를 차례로 다 친견하였습니다."

　과거칠불과 백 부처님, 천 부처님, 백천 부처님, 억 부처

님, 천억 부처님, 백천억 부처님, 아유다억 부처님, 나유타억 부처님과 내지 말할 수 없이 말할 수 없는 세계의 미진수 부처님을 다 친견하였다.

역견피불 초시발심 종제선근 획승신통
亦見彼佛의 **初始發心**과 **種諸善根**과 **獲勝神通**과

성취대원 수행묘행 구바라밀 입보살지
成就大願과 **修行妙行**과 **具波羅蜜**과 **入菩薩地**와

득청정인 최복마군 성정등각 국토청정
得淸淨忍과 **摧伏魔軍**과 **成正等覺**과 **國土淸淨**과

중회위요
衆會圍繞니다

"또한 저 부처님들이 처음으로 발심함과, 선근을 심음과, 수승한 신통을 얻음과, 큰 원을 성취함과, 묘한 행을 닦음과, 바라밀다를 구족함과, 보살의 지위에 들어감과, 청정한 법의 지혜를 얻음과, 마군을 항복받음과, 정등각을 이룸과, 국토가 청정함과, 대중이 둘러싸고 있음을 봅니다."

방대광명 전묘법륜 신통변현 종종차별
하야 **放大光明**과 **轉妙法輪**과 **神通變現**의 **種種差別**
아실능지 아실능억 실능관찰 분
하야 **我悉能持**하고 **我悉能憶**하고 **悉能觀察**하야 **分**
별현시
別顯示하며

"큰 광명을 놓으며, 묘한 법륜을 굴리며, 신통으로 변화하는 갖가지 차별을 제가 다 지니고, 제가 다 기억하고, 다 살펴보고, 분별하여 나타냅니다."

부처님을 친견할 때 단순히 부처님의 모습만을 친견하는 것이 아니다. 저 부처님들이 처음으로 발심함과, 선근을 심음과, 수승한 신통을 얻음과, 큰 원을 성취함과, 묘한 행을 닦음과, 바라밀다를 구족함 등을 낱낱이 다 관찰하고 분별하여 드러낸다.

미래미륵불등일체제불 현재비로자나불
未來彌勒佛等一切諸佛과 **現在毘盧遮那佛**

等一切諸佛도 悉亦如是하니 如此世界하야 十方世界所有三世一切諸佛과 聲聞獨覺諸菩薩衆도 悉亦如是하노라

"미래의 미륵불 등 일체 모든 부처님과 현재의 비로자나불 등 일체 모든 부처님도 다 또한 그와 같이 하며, 이 세계에서와 같이 시방세계에 계시는 세 세상의 일체 모든 부처님과 성문과 독각과 보살 대중도 다 또한 그와 같이 합니다."

과거의 부처님들을 그와 같이 친견하고 관찰하며 분별하여 드러내듯이 미래 일체 부처님과 현재 일체 부처님을 다 그렇게 하고, 성문과 독각과 모든 보살들의 일도 또한 그와 같이 한다.

3) 자기는 겸손하고 다른 이의 수승함을 추천하다

善_선男_남子_자야 我_아唯_유得_득此_차菩_보薩_살所_소 得_득不_불般_반涅_열槃_반際_제解_해脫_탈이어니와 如_여諸_제菩_보薩_살摩_마訶_하薩_살은 以_이一_일念_념智_지로 普_보知_지三_삼世_세하며 一_일念_념徧_변入_입一_일切_체三_삼昧_매하며 如_여來_래智_지日_일로 恒_항照_조其_기心_심하며 於_어一_일切_체法_법에 無_무有_유分_분別_별하며

"선남자여, 저는 다만 이 보살들이 얻는 열반의 경계에 들지 않는 해탈을 얻었거니와 모든 보살마하살은 한 생각의 지혜로 세 세상을 두루 알며, 잠깐 동안에 모든 삼매에 두루 들어가며, 여래 지혜의 해가 항상 마음에 비치어 모든 법에 분별이 없으며,

了_요一_일切_체佛_불이 悉_실皆_개平_평等_등하며 如_여來_래及_급我_아와 一_일切_체衆_중

생 등무유이 　　지일체법 　자성청정
生이 等無有二하며 知一切法의 自性淸淨하며

모든 부처님이 다 평등하고 여래와 저와 모든 중생이 평등하여 둘이 없음을 알며, 모든 법의 자체 성품이 청정함을 알며,

　　무유사려 　　무유동전 　　이능보입일체세
無有思慮하고 無有動轉하야 而能普入一切世
간 　이제분별 　　주불법인 　　실능개오법계
間하며 離諸分別하고 住佛法印하야 悉能開悟法界
중생 　　이아운하능지능설피공덕행
衆生하나니 而我云何能知能說彼功德行이리오

생각함도 없고 움직임도 없지마는 모든 세간에 두루 들어가며, 모든 분별을 여의고 부처님의 법인法印에 머물러서 법계의 중생들을 모두 깨우칩니다. 그러나 제가 그 공덕의 행을 어떻게 능히 알며 능히 말하겠습니까.”

4) 다음 선지식 찾기를 권유하다

善_선男_남子_자야 於_어此_차南_남方_방에 有_유山_산하니 名_명補_보怛_달洛_락迦_가요 彼_피有_유菩_보薩_살하니 名_명觀_관自_자在_재니 汝_여詣_예彼_피問_문호대 菩_보薩_살이 云_운 何_하學_학菩_보薩_살行_행이며 修_수菩_보薩_살道_도리잇고하라

"선남자여, 여기서 남으로 가면 산이 있는데 이름이 보달락가補怛洛迦이고, 거기에 보살이 있으니 이름이 관자재觀自在입니다. 그대는 그에게 가서 '보살이 어떻게 보살의 행을 배우며 보살의 도를 닦습니까?'라고 물으십시오."

보달락가補怛洛迦산에 계신다는 관자재觀自在보살은 흔히 말하는 관세음觀世音보살이다. 번역자에 따라서 달리 부른다. 범어로는 Avalokiteśvara, 아박로지저습벌라阿縛盧枳低濕伐邏라 음역한다. 관자재觀自在 · 광세음光世音 · 관세자재觀世自在 · 관세음자재觀世音自在라 번역한다. 줄여서 관음觀音이라 한다.

대자대비大慈大悲를 근본 서원誓願으로 하는 보살이다. 미

타삼존彌陀三尊의 하나로 아미타불의 왼쪽 보처補處이다. 관세음이란 '세간의 음성을 관하는 이'란 뜻이며, 관자재라 함은 '지혜로 관조觀照하므로 자재한 묘과妙果를 얻은 이'라는 뜻이다. 또 중생에게 온갖 두려움이 없는 무외심無畏心을 베푼다는 뜻으로 '시무외자施無畏者'라 하고, 자비를 위주로 하는 뜻으로 '대비성자大悲聖者'라 하며, 세상을 구제하므로 '구세대사救世大士'라고도 한다.

이 보살이 세상을 교화함에는 중생의 근기에 맞추어 여러 가지 형체로 나타난다. 이를 보문시현普門示現이라 하며, 33신身이 있다고 한다. 왼손에 든 연꽃은 중생이 본래 갖춘 불성佛性을 표시하고, 그 꽃이 핀 것은 불성이 드러나서 성불한 뜻이고, 그 봉오리는 불성이 번뇌에 물들지 않고 장차 필 것을 나타낸다. 그 종류로는 6관음(성·천수·마두·십일면·준제·여의륜)이 보통이며, 그중 성관음聖觀音이 본신이고 다른 것은 보문시현의 변화신이다. 그의 정토淨土 또는 있는 곳을 보타락가(補陀落迦, Potalaka)라고 하나, 원래는 화엄경에서 남인도 마뢰구타국의 보타락가라 한 것이 처음이고, 중국에서는 절강성의 주산도舟山島를 보타락가라 하였다.

즉설송왈
卽說頌曰

비슬지라거사가 곧 게송을 설해 말하였습니다.

해상유산다성현　　중보소성극청정
海上有山多聖賢하니　**衆寶所成極淸淨**이라
화과수림개변만　　천류지소실구족
華果樹林皆徧滿하고　**泉流池沼悉具足**이어든

바다 위에 산이 있고 성인 많으니
보배로 이루어져 매우 청정해
꽃과 과실나무 숲이 두루 차 있고
샘과 못과 시냇물이 갖추어 있도다.

　관자재보살이 계신다는 보타락가산은 바다 위에 있다고 하였다. 그래서 관음도량이 우리나라에는 강화도나 남해나 동해변 등지에 분포되어 있다. 중국에도 바다 건너 섬에 있다. 그런데 티베트에는 라사라고 하는 내륙에 있기도 하다. 중생들을 돌봐야 하는 곳이면 어디든지 다 있어야 하는 것이 관음도량이다.

<small>용맹장부관자재</small>　　　　<small>위리중생주차산</small>
勇猛丈夫觀自在<small>가</small>　**爲利衆生住此山**<small>이시니</small>

<small>여응왕문제공덕</small>　　　　<small>피당시여대방편</small>
汝應往問諸功德<small>하라</small>　**彼當示汝大方便**<small>하리라</small>

용맹한 장부이신 관자재보살이
중생에게 이익 주시려 그 산에 계시니
그대는 응당 가서 모든 공덕 물으시오
그대에게 큰 방편을 일러 주리라.

<small>시</small>　<small>선재동자</small>　<small>정례기족</small>　　<small>요무량잡이</small>
時<small>에</small> **善財童子**<small>가</small> **頂禮其足**<small>하며</small> **繞無量帀已**<small>하며</small>

<small>은근첨앙</small>　　<small>사퇴이거</small>
殷勤瞻仰<small>하고</small> **辭退而去**<small>하니라</small>

그때에 선재동자는 그의 발에 절하고 한량없이 돌고 은근하게 앙모하면서 하직하고 물러갔습니다.

문수지남도 제28, 선재동자가 관자재보살을 친견하다.

28. 관자재보살 觀自在菩薩
제7 수순일체중생회향隨順一切衆生廻向 선지식

1) 관자재보살을 뵙고 법을 묻다

(1) 가르침에 의지하여 선지식을 찾다

爾時에 善財童子가 一心思惟彼居士敎하야 入
彼菩薩解脫之藏하며 得彼菩薩能隨念力하며 憶彼
諸佛出現次第하며 念彼諸佛相續次第하며

그때에 선재동자는 일심으로 비슬지라거사의 가르침을 생각하여 보살의 해탈하는 갈무리에 들어가고, 보살의 생각을 따라 주는 힘을 얻고, 모든 부처님들의 나타나시는 차례를 기억하고, 모든 부처님들이 계속하는 차

례를 생각하고,

持彼諸佛名號次第_{하며} 觀彼諸佛所說妙法_{하며}
知彼諸佛具足莊嚴_{하며} 見彼諸佛成正等覺_{하며}
了彼諸佛不思議業_{하고} 漸次遊行_{하야} 至於彼山_{하야}
處處求覓此大菩薩_{하니라}

모든 부처님 명호의 차례를 지니고, 모든 부처님이 말씀하시는 법을 관찰하고, 모든 부처님들의 갖추신 장엄을 알고, 모든 부처님들의 정등각 이룸을 보고, 모든 부처님들의 부사의한 업을 분명하게 알고서 점점 다니다가 그 산에 이르러 곳곳에서 이 대보살을 찾았습니다.

(2) 선지식의 의미를 생각하다

견기서면　　암곡지중　천류영영　　수림옹
見其西面하니 **巖谷之中**에 **泉流縈映**하고 **樹林蓊**

울　　향초유연　　우선포지
鬱하며 **香草柔軟**하야 **右旋布地**어든

　그 산의 서쪽을 바라보니, 바위로 된 골짜기 가운데 계곡물이 굽이쳐서 흐르고, 수림은 우거져 있으며, 향초들은 부드럽게 오른쪽으로 쏠려서 땅에 깔려 있었습니다.

관자재보살　어금강보석상　　결가부좌
觀自在菩薩이 **於金剛寶石上**에 **結跏趺坐**하고

무량보살　개좌보석　　공경위요　　이위선설
無量菩薩이 **皆坐寶石**하야 **恭敬圍繞**어늘 **而爲宣說**

대자비법　　영기섭수일체중생
大慈悲法하사 **令其攝受一切衆生**이러라

　관자재보살이 금강보석 위에 가부좌를 하고 앉았고, 한량없는 보살들도 모두 보석 위에 앉아서 공경히 둘러 모셨는데 그들을 위해서 대자대비의 법을 설하여 그들

로 하여금 일체 중생을 거두어 주게 하였습니다.

관자재보살이 계시는 장소와 설법의 내용을 밝혔다. 흔히 말하기를 관자재보살은 대자대비하여 중생들을 자비로 거두어 주신다고 알려져 있다. 화엄경에서의 관자재보살 선지식도 대자비로 설법을 삼았다.

善財가 見已하고 歡喜踊躍하야 合掌諦觀하야 目
不暫瞬하고 作如是念호대

선재동자가 이를 보고 기뻐 뛰면서 합장하고 자세히 살펴 눈도 깜빡이지 않고 쳐다보면서 생각하였습니다.

善知識者는 則是如來며 善知識者는 一切法雲

善知識者는 諸功德藏이며 善知識者는 難可値遇며 善知識者는 十力寶因이며

'선지식은 곧 여래이며, 선지식은 모든 법의 구름이며, 선지식은 모든 공덕의 창고이며, 선지식은 만나기 어려우며, 선지식은 열 가지 힘[十力]의 보배로운 원인이며,

善知識者는 無盡智炬며 善知識者는 福德根芽며 善知識者는 一切智門이며 善知識者는 智海導師며 善知識者는 至一切智助道之具라하고 便卽往詣 大菩薩所하니라

선지식은 다함이 없는 지혜의 횃불이며, 선지식은 복덕의 뿌리와 싹이며, 선지식은 일체 지혜의 문이며, 선지식은 지혜로운 바다의 안내자이며, 선지식은 일체 지

혜에 이르는 길을 도와주는 시설물이다.'라 하고 곧 대보살이 계신 곳으로 나아갔습니다.

　선재동자가 관자재보살 선지식을 친견하고 새삼스럽게 선지식에 대한 의미를 생각하여 표현하였다. 즉 선지식은 곧 진여로부터 오신 진여자성 자체인 여래이며, 선지식은 모든 진리의 가르침을 설하여 일체 중생에게 번뇌의 열기를 식혀 주는 여름날의 시원한 비구름이며, 선지식은 한량없는 공덕을 닦아서 수미산보다 더 높이 쌓아 모으게 하는 창고이다.

　또 선지식은 백천만겁에도 만나기 어려운 매우 귀하신 분이다. 선지식은 여래가 갖추신 열 가지 힘을 갖추게 하는 더 없는 보배의 원인이 된다. 선지식은 어리석은 세상의 캄캄한 어둠을 환하게 밝히는 다함없는 지혜의 횃불이다. 선지식은 한량없는 복덕을 길러 내는 복덕의 뿌리이며 그 새싹이다.

　또 선지식은 일체 지혜를 갖추게 하는 그 첫 문이 된다. 선지식은 험난하고 막막한 인생 바다를 바른 길로 잘 안내하는 지혜로운 안내자이다. 선지식은 일체 지혜에 이르는 길을 낱낱이 살펴 주고 도와주는 시설물이며 도구이다.

(3) 선재동자를 찬탄하다

爾時_{이시}에 觀自在菩薩_{관자재보살}이 遙見善財_{요견선재}하시고 告言_{고언}하사대 善來_{선래}라 汝發大乘意_{여발대승의}하야 普攝衆生_{보섭중생}하며 起正直心_{기정직심}하야 專求佛法_{전구불법}하며 大悲深重_{대비심중}하야 救護一切_{구호일체}하며

그때에 관자재보살이 멀리서 선재동자를 보고 말하였습니다. "잘 왔습니다. 그대는 대승의 마음을 내어 중생들을 널리 거두어 주고, 정직한 마음을 일으켜서 오로지 불법을 구하고, 큰 자비심이 깊고 무거워 일체 중생을 구호합니다."

普賢妙行_{보현묘행}이 相續現前_{상속현전}하며 大願深心_{대원심심}이 圓滿淸_{원만청}

^정 ^{근구불법} ^{실능영수} ^{적집선근} ^항
淨하며 **勤求佛法**하야 **悉能領受**하며 **積集善根**하야 **恒**

^{무염족} ^{순선지식} ^{불위기교}
無厭足하며 **順善知識**하야 **不違其教**하며

"보현보살의 묘한 행이 계속하여 앞에 나타나 큰 서원과 깊은 마음이 원만하고 청정하며, 부처님의 법을 부지런히 구하여 모두 받아 지니고, 착한 뿌리를 쌓아서 싫어할 줄 모르며, 선지식을 수순하여 그 가르침을 어기지 않습니다."

^{종문수사리공덕지혜대해소생} ^{기심성숙}
從文殊師利功德智慧大海所生이라 **其心成熟**

^{득불세력} ^{이획광대삼매광명} ^{전의희}
하야 **得佛勢力**하며 **已獲廣大三昧光明**하야 **專意希**

^{구심심묘법}
求甚深妙法하며

"문수사리보살의 공덕과 지혜의 큰 바다로부터 태어났으므로 그 마음이 성숙하여 부처님의 세력을 얻고, 이미 광대한 삼매의 광명을 얻었으며, 오로지 매우 깊고

묘한 법을 구합니다."

常見諸佛하야 生大歡喜하며 智慧淸淨이 猶如虛空하며 旣自明了하고 復爲他說하야 安住如來智慧光明이로다

"항상 모든 부처님을 뵈옵고 크게 환희하며, 지혜가 청정하기가 마치 허공과 같아서 이미 스스로 분명히 알고, 다시 다른 이를 위해서 말하여 여래의 지혜 광명에 편안히 머물러 있습니다."

선재동자는 불교를 공부하고, 불법을 수행하고, 불법을 깨닫고, 불법을 실천하고자 하는 모든 사람들의 본보기이며 대표이다. 이와 같은 수행자로서 만약 그의 훌륭한 점을 찬탄한다면 어떤 점을 들 수 있을까. 그것을 다른 사람도 아닌 관자재보살이 간추려서 드러내었다.

그는 먼저 대승의 마음을 내어 중생들을 널리 거두어 주고, 정직한 마음을 일으켜서 오로지 불법을 구하고, 큰 자비심이 깊고 무거워 일체 중생을 구호한다. 또 보현보살의 묘한 행이 계속하여 앞에 나타나 큰 서원과 깊은 마음이 원만하고, 문수사리보살의 공덕과 지혜의 큰 바다로부터 태어났으므로 그 마음이 성숙하였다. 즉 보현보살의 서원과 문수보살의 지혜를 모두 갖추었다. 이 얼마나 위대한 수행자인가. 이것이 모든 불자들이 갖추어야 할 자세이다.

(4) 공경을 나타내고 법을 묻다

爾時ᅦ 善財童子가 頂禮觀自在菩薩足하며 繞無數帀하며 合掌而住하야 白言호대 聖者여 我已先發阿耨多羅三藐三菩提心호니 而未知菩薩이 云何學菩薩行이며 云何修菩薩道리잇고 我聞聖者는

선능교회   원위아설
善能敎誨라하니 願爲我說하소서

그때에 선재동자가 관자재보살의 발에 엎드려 절하고 수없이 돌고 합장하고 서서 물었습니다. "거룩하신 이여, 저는 이미 아뇩다라삼먁삼보리심을 내었습니다. 그러나 보살이 어떻게 보살의 행을 배우며 어떻게 보살의 도를 닦는지를 알지 못합니다. 제가 들으니 거룩하신 이께서 잘 가르치신다 하오니 원컨대 저를 위여 말씀하여 주십시오."

2) 관자재보살이 법을 설하다

보살   고언   선재선재   선남자   여이능
菩薩이 告言하사대 善哉善哉라 善男子여 汝已能

발아뇩다라삼먁삼보리심   선남자   아이성
發阿耨多羅三藐三菩提心이로다 善男子야 我已成

취보살대비행해탈문   선남자   아이차보살
就菩薩大悲行解脫門호니 善男子야 我以此菩薩

대비행문　　평등교화일체중생　　상속부단
大悲行門으로 **平等敎化一切衆生**하야 **相續不斷**호라

관자재보살이 말하였습니다. "훌륭하고 훌륭합니다. 선남자여, 그대는 이미 아뇩다라삼먁삼보리심을 내었습니다. 선남자여, 저는 보살의 크게 가엾이 여기는 행의 해탈문을 성취하였습니다. 선남자여, 저는 이 보살의 크게 가엾이 여기는 행문行門으로 일체 중생을 평등하게 교화하여 계속해서 끊어지지 아니합니다."

관자재보살은 널리 알려진 대로 대자대비로 중생들을 교화하는 것이 주된 실천행이다. 그러므로 스스로 보살의 크게 가엾이 여기는 행의 해탈문을 성취하였다고 하였다.

선남자　아주차대비행문　　상재일체제여
善男子야 **我住此大悲行門**하야 **常在一切諸如**
래소　　보현일체중생지전　　혹이보시　섭
來所하며 **普現一切衆生之前**하야 **或以布施**로 **攝**
취중생　　혹이애어　　혹이이행　　혹이동사
取衆生하며 **或以愛語**하며 **或以利行**하며 **或以同事**

로 **攝取衆生**하며
섭 취 중 생

"선남자여, 저는 이 크게 가엾이 여기는 행문에 머물렀으므로 일체 모든 여래의 처소에 항상 있으며 일체 중생들의 앞에 널리 나타나서 혹은 보시布施로써 중생을 거두어 주기도 하고, 혹은 사랑스러운 말[愛語]로써 하기도 하고, 혹은 이롭게 하는 행[利行]으로써 하기도 하고, 혹은 같이 일함[同事]으로써 중생을 거두어 주기도 합니다."

관자재보살이 크게 가엾이 여기는 행문으로 실천하는 가장 중요한 일은 사섭법四攝法이다. 사섭법은 육바라밀과 아울러 모든 보살행의 근본이 된다.

或現色身하야 **攝取衆生**하며 **或現種種不思議**
혹 현 색 신　　　섭 취 중 생　　　혹 현 종 종 부 사 의

色淨光明網하야 **攝取衆生**하며 **或以音聲**하며 **或以**
색 정 광 명 망　　　섭 취 중 생　　　혹 이 음 성　　혹 이

威儀하며 **或爲說法**하며 **或現神變**하야 **令其心悟**하야
위 의　　혹 위 설 법　　　혹 현 신 변　　　영 기 심 오

而得成熟하며 或爲化現同類之形하야 與其共居
하야 而成熟之호라

"혹은 육신을 나타내어 중생을 거두어 주기도 하고, 혹은 갖가지 부사의한 색상과 청정한 광명을 나타내어 중생을 거두어 주기도 하며, 혹은 음성으로써 하기도 하고, 혹은 위의威儀로써 하기도 하고, 혹은 법을 설하기도 하고, 혹은 신통변화를 나타내기도 하여 그들의 마음을 깨달아 성숙하게 하기도 하고, 혹은 같은 종류의 형상을 변화하여 나타내어 함께 있으면서 성숙하게 하기도 합니다."

관자재보살이 대자대비를 근본으로 하여 중생을 섭수하는 데는 특정한 한 가지 방법만을 사용하는 것이 아니다. 중생을 위한 일이라면 가리지 않고 온갖 방편을 다 사용하고 있음을 밝혔다.

선남자_아 我修行此大悲行門_{하야} 願常救護一切衆生_{하노니} 願一切衆生_이 離險道怖_{하며} 離熱惱怖_{하며} 離迷惑怖_{하며} 離繫縛怖_{하며} 離殺害怖_{하며} 離貧窮怖_{하며}

"선남자여, 저는 이 크게 가엾이 여기는 행문을 수행하여 항상 일체 중생을 구호하기를 서원합니다. 원컨대 일체 중생이 험난한 길에서 공포를 여의며, 뜨거운 번뇌의 공포를 여의며, 미혹한 공포를 여의며, 속박의 공포를 여의며, 살해의 공포를 여의며, 빈궁의 공포를 여의기를 서원합니다."

離不活怖_{하며} 離惡名怖_{하며} 離於死怖_{하며} 離大衆怖_{하며} 離惡趣怖_{하며} 離黑闇怖_{하며}

"생활하지 못할 공포를 여의며, 나쁜 이름을 얻을 공포를 여의며, 죽을 공포를 여의며, 여러 사람 앞에서의 공포를 여의며, 나쁜 길에 태어날 공포를 여의며, 캄캄한 속에서의 공포를 여의기를 서원합니다."

離遷移怖하며 離愛別怖하며 離冤會怖하며 離逼迫身怖하며 離逼迫心怖하며 離憂悲怖하며

"옮겨 다닐 공포를 여의며, 사랑하는 이와 이별할 공포를 여의며, 원수를 만나는 공포를 여의며, 몸을 핍박하는 공포를 여의며, 마음을 핍박하는 공포를 여의며, 근심 걱정의 공포를 여의기를 서원합니다."

관자재보살이 중생들을 가엾이 여기는 일 가운데 가장 가슴 아파하는 것이 중생들이 여러 가지로 두려움에 떨고 있는 것이다. 그래서 중생들이 두려워하는 경우를 낱낱이 밝혔다.

復作是願_{호대} 願諸眾生_이 若念於我_{어나} 若稱我名_{이어나} 若見我身_{하면} 皆得免離一切怖畏_{라호라}

"다시 또 서원하되 모든 중생이 만약 저를 생각하거나, 만약 저의 이름을 일컫거나, 만약 저의 몸을 보거나 하면 다 모든 공포를 면하기를 서원합니다."

관자재보살은 또 서원하기를 "모든 중생이 만약 저를 생각하거나, 만약 저의 이름을 일컫거나, 만약 저의 몸을 보거나 하면 다 모든 공포를 면하기를 서원합니다."라고 하였다. 그래서 법화경의 관세음보살보문품에서 이와 같은 일을 자세하게 부연하여 설한 것이다. 화엄경의 이 내용과 법화경의 내용을 근거로 하여 관음신앙과 내지 관음기도가 크게 성행하게 된 것이다.

善男子_야 我以此方便_{으로} 令諸眾生_이 離怖畏

已하야는 復敎令發阿耨多羅三藐菩提心하야 永不
退轉케호라

"선남자여, 저는 이런 방편으로써 모든 중생들로 하여금 공포를 여의게 하고 나서 다시 가르쳐서 아뇩다라삼먁삼보리심을 내고 영원히 물러나지 않게 합니다."

3) 자기는 겸손하고 다른 이의 수승함을 추천하다

善男子야 我唯得此菩薩大悲行門이어니와 如諸
菩薩摩訶薩은 已淨普賢一切願하며 已住普賢一
切行하며 常行一切諸善法하며 常入一切諸三昧하며

"선남자여, 저는 다만 이 보살의 크게 가엾이 여기는 행문을 얻었거니와 모든 보살마하살은 이미 보현보살의 모든 원을 청정하게 하였고, 이미 보현보살의 모든 행

에 머물러 있으면서, 일체 모든 착한 법을 항상 행하고, 일체 모든 삼매에 항상 들어가고,

常住一切無邊劫하며 **常知一切三世法**하며 **常詣一切無邊刹**하며 **常息一切衆生惡**하며 **常長一切衆生善**하며 **常絶衆生生死流**하나니 **而我云何能知能說彼功德行**이리오

모든 그지없는 겁에 항상 머물고, 모든 세 세상 법을 항상 알고, 모든 그지없는 세계에 항상 나아가고, 모든 중생의 나쁜 짓을 항상 쉬게 하고, 모든 중생의 착한 일을 항상 늘게 하고, 중생의 생사의 흐름을 항상 끊습니다. 그러나 제가 그러한 공덕의 행을 어떻게 능히 알며 능히 말하겠습니까."

4) 다음 선지식 찾기를 권유하다

爾時에 **東方**에 **有一菩薩**하니 **名曰正趣**니 **從空
中來**하야 **至娑婆世界輪圍山頂**하야 **以足按地**한대
其娑婆世界가 **六種震動**하야 **一切皆以衆寶莊嚴**
이어늘

그때에 동방에 한 보살이 있었으니 이름은 정취正趣이고, 공중으로부터 사바세계 윤위산輪圍山 꼭대기에 이르러 발로 땅을 누르니 사바세계가 여섯 가지로 진동하고 모든 것이 다 온갖 보배로 장엄되었습니다.

다음 선지식 찾기를 권유하는 단계에 이르러 이번에는 선재동자가 다음의 선지식을 찾아가는 것이 아니라 갑자기 다음의 선지식인 동방의 정취正趣보살이 나타났다. 아래에 정취보살이 광명을 놓는 일과 부처님께 공양하는 일과 중생을 교화하는 일 등을 낱낱이 밝힌다.

정취보살　　방신광명　　　영폐일체일월성전
　　正趣菩薩이 **放身光明**하사 **映蔽一切日月星電**

　　　천룡팔부　석범호세　소유광명　개여취
하시니 **天龍八部**와 **釋梵護世**의 **所有光明**이 **皆如聚**

묵
墨이라

　　정취보살이 몸에서 광명을 놓아 해와 달과 모든 별과 번개의 빛을 가리니 하늘과 용들의 팔부와 제석과 범천과 사천왕의 광명은 모두 다 먹덩이와 같아졌습니다.

　　　기광　　보조일체지옥축생아귀염라왕처
　　其光이 **普照一切地獄畜生餓鬼閻羅王處**하야

영제악취　중고개멸　　번뇌불기　　우비실리
令諸惡趣로 **衆苦皆滅**하고 **煩惱不起**하고 **憂悲悉離**

하며

　　그 광명이 모든 지옥과 축생과 아귀와 염라왕의 세계를 두루 비추어 모든 나쁜 길의 고통을 소멸시켜 번뇌가 일어나지 않고 근심 걱정을 모두 여의게 하였습니다.

우어일체제불국토   보우일체화향영락의
又於一切諸佛國土에 普雨一切華香瓔珞衣

복당개   여시소유제장엄구   공양어불
服幢蓋하사 如是所有諸莊嚴具로 供養於佛하며

부수중생심지소락   보어일체제궁전중   이
復隨衆生心之所樂하사 普於一切諸宮殿中에 而

현기신   영기견자   개실환희
現其身하야 令其見者로 皆悉歡喜하나니라

　또한 일체 모든 부처님 국토에서 일체 꽃과 향과 영락과 의복과 당기와 번기를 비처럼 내리며, 이와 같은 여러 가지 장엄거리로 부처님께 공양하고 또 중생의 마음에 좋아함을 따라 일체 모든 궁전에서 그 몸을 나타내어 그것을 보는 이들로 하여금 모두 기쁘게 하였습니다.

연후   내예관자재소   시   관자재보살
然後에 來詣觀自在所하신대 時에 觀自在菩薩이

고선재언   선남자   여견정취보살   내차회
告善財言하사대 善男子야 汝見正趣菩薩이 來此會

부 백언 이견 고언 선남자 여가
不아 白言호대 已見이니이다 告言하사대 善男子야 汝可

왕문 보살 운하학보살행 수보살도
往問호대 菩薩이 云何學菩薩行이며 修菩薩道리잇고
하라

 그런 뒤에 관자재보살이 있는 곳으로 오니 그때에 관자재보살이 선재동자에게 말하였습니다. "선남자여, 그대는 이 정취보살이 여기 오는 것을 봅니까?" 선재동자가 말하기를 "이미 보았습니다."라고 하였습니다. 관자재보살이 말하였습니다. "선남자여, 그대는 그에게 가서 '보살이 어떻게 보살의 행을 배우며 보살의 도를 닦습니까?'라고 물으십시오."

문수지남도 제29, 선재동자가 정취보살을 친견하다.

29. 정취보살 正趣菩薩
제8 진여상회향眞如相廻向 선지식

1) 정취보살을 뵙고 법을 묻다

爾時_에 善財童子_가 敬承其敎_{하고} 遽卽往詣彼
菩薩所_{하야} 頂禮其足_{하며} 合掌而立_{하야} 白言_{호대} 聖
者_여 我已先發阿耨多羅三藐三菩提心_{호니} 而未
知菩薩_이 云何學菩薩行_{이며} 云何修菩薩道_{리잇고}
我聞聖者_는 善能敎誨_{라하니} 願爲我說_{하소서}

그때에 선재동자는 가르침을 받들고 곧 그 보살이

계신 데 나아가 그의 발에 엎드려 절하고 합장하고 서서 말하였습니다. "거룩하신 이여, 저는 이미 아뇩다라삼먁삼보리심을 내었으나 보살이 어떻게 보살의 행을 배우며 어떻게 보살의 도를 닦는지를 알지 못합니다. 제가 들으니 거룩하신 이께서 잘 가르치신다 하오니 원컨대 저를 위하여 말씀하여 주십시오."

2) 정취보살이 법을 설하다

(1) 보문속질행普門速疾行 해탈을 얻다

正趣菩薩이 言하사대 善男子야 我得菩薩解脫호니
정취보살   언   선남자   아득보살해탈

名普門速疾行이니라 善財가 言호대 聖者여 於何佛
명보문속질행   선재 언   성자   어하불

所에 得此法門이며 所從來刹은 去此幾何며 發來가
소   득차법문   소종래찰   거차기하   발래

久如니잇고
구여

정취보살이 말하였습니다. "선남자여, 저는 보살의

해탈을 얻었으니 이름이 '넓은 문 빠른 행[普門速疾行]'입니다." 선재동자가 말하였습니다. "거룩하신 이여, 어느 부처님에게서 그 법문을 얻었으며, 떠나오신 세계는 여기서 얼마나 멀며, 떠나오신 지는 얼마나 오래되었습니까?"

告言_{하사대} 善男子_야 此事難知_니 一切世間天人
阿修羅沙門婆羅門等_의 所不能了_요 唯勇猛精進_{하야} 無退無怯_한 諸菩薩衆_이 已爲一切善友所攝_과 諸佛所念_{하야} 善根具足_{하며} 志樂淸淨_{하며} 得菩薩根_{하며} 有智慧眼_{하야사} 能聞能持_{하며} 能解能說_{이니라}

정취보살이 말하였습니다. "선남자여, 이 일은 알기 어렵습니다. 모든 세간의 천신과 사람과 아수라와 사문과 바라문들이 알지 못합니다. 오직 용맹하게 정진하여 물러나지 않고 겁이 없는 모든 보살들로서 이미 일체 선지식이 거두어 주고, 모든 부처님이 생각하시고, 착한 뿌리가 구족하고, 뜻이 청정하여 보살의 근기를 얻고, 지혜의 눈이 있는 이라야 능히 듣고, 능히 지니고, 능히 알고, 능히 말할 수 있습니다."

정취보살이 얻은 해탈은 '넓은 문 빠른 행[普門速疾行]'이다. 선재동자가 이 법을 알고 싶어서 질문을 하자 이 해탈은 아무나 알 수 있는 법이 아니요, 오직 용맹하게 정진하여 물러나지 않고 겁이 없는 모든 보살들이라야 알 수 있는 법이라고 하였다. 그러자 선재동자는 자신을 위하여 설해 주시기를 요청하였다.

善財가 言호대 聖者여 我承佛神力善知識力하야 能信能受호리니 願爲我說하소서

선재동자가 말하였습니다. "거룩하신 이여, 제가 부

처님의 신통하신 힘과 선지식의 힘을 받들어 능히 믿고 능히 받겠습니다. 원컨대 저를 위하여 말씀하여 주십시오."

(2) 보승생普勝生 부처님에게 법문을 듣다

正趣菩薩이 **言**하사대 **善男子**야 **我從東方妙藏**
정취보살   언   선남자   아종동방묘장

世界普勝生佛所하야 **而來此土**호니 **於彼佛所**에 **得**
세계보승생불소   이래차토   어피불소   득

此法門호라
차법문

정취보살이 말하였습니다. "선남자여, 저는 동방 묘장妙藏세계의 보승생普勝生 부처님 계신 데로부터 이 세계에 왔으며, 그 부처님 처소에서 이 법문을 얻었습니다."

從彼發來가 **已經不可說不可說佛刹微塵數**
종피발래   이경불가설불가설불찰미진수

劫이니 一一念中에 擧不可說不可說佛刹微塵數步하며 一一步에 過不可說不可說世界微塵數佛刹하며

"그곳으로부터 떠나온 지 이미 말할 수 없이 말할 수 없는 부처님 세계의 미진수 겁을 지냈습니다. 낱낱 찰나마다 말할 수 없이 말할 수 없는 부처님 세계의 미진수 걸음을 걸었고, 낱낱 걸음마다 말할 수 없이 말할 수 없는 세계의 미진수 부처님의 세계를 지나왔습니다."

一一佛刹에 我皆徧入하야 至其佛所하야 以妙供具로 而爲供養호니 此諸供具가 皆是無上心所成이며 無作法所印이며 諸如來所忍이며 諸菩薩所

탄
歎이니라

"낱낱 부처님 세계마다 제가 모두 들어가서 그 부처님의 처소에 이르러 아름다운 공양거리로 공양하였으니, 그 모든 공양거리는 모두 위없는 마음으로 이룬 것이며, 지음이 없는 법으로 인정한 것이며, 모든 여래께서 인가한 것이며, 모든 보살이 찬탄한 것입니다."

정취보살 선지식은 묘장세계의 보승생普勝生 부처님에게 법문을 얻었음을 밝혔는데 무수한 겁 동안 무수한 걸음을 걸으며, 무수한 세계를 지나서 무수한 부처님 세계에 들어가서 아름다운 공양거리로 공양하였음을 낱낱이 밝혔다.

선 남 자   아 우 보 견 피 세 계 중 일 체 중 생   실
善男子야 **我又普見彼世界中一切衆生**하야 **悉**

지 기 심   실 지 기 근   수 기 욕 해   현 신 설 법
知其心하고 **悉知其根**하야 **隨其欲解**하야 **現身說法**

       혹 방 광 명   혹 시 재 보   종 종 방 편   교
하며 **或放光明**하고 **或施財寶**하야 **種種方便**으로 **敎**

과 **化調伏**하야 **無有休息**하니 **如從東方**하야 **南西北方 四維上下**도 **亦復如是**호라
_{화 조복} _{무유휴식} _{여종동방} _{남서북방}
_{사유상하} _{역부여시}

"선남자여, 저는 또 저 세계의 모든 중생을 널리 보고, 그 마음을 다 알며, 그 근성을 다 알고, 그들의 욕망과 이해를 따라서 몸을 나타내어 법을 말하는데, 혹 광명을 놓기도 하고 혹 재물을 보시하기도 하여 가지가지 방편으로 교화하고 조복해서 조금도 쉬지 아니하였습니다. 동방에서와 같이 남방과 서방과 북방과 네 간방과 상방과 하방에서도 또한 다시 그와 같이 하였습니다."

또 정취보살 선지식은 묘장세계의 일체 중생을 널리 보고, 그들의 마음을 다 알고, 그들의 근성을 다 알아서 온갖 법을 설하는데, 혹 광명을 놓기도 하고 혹 재물을 보시하기도 하는 등 가지가지 방편으로 교화하였다.

3) 자기는 겸손하고 다른 이의 수승함을 추천하다

善男子야 **我唯得此菩薩普疾行解脫**하야 **能疾
周徧到一切處**어니와 **如諸菩薩摩訶薩**은 **普於十方
에 **無所不至하며 **智慧境界**가 **等無差別**하며 **善布其
身**하야 **悉徧法界**하며

"선남자여, 저는 다만 이 보살의 넓은 문 빠른 행의 해탈을 얻었으므로 빨리 걸어서 모든 곳에 두루 이르거니와 모든 보살마하살은 시방에 두루 하여 이르지 못하는 곳이 없고, 지혜의 경계가 같아서 차별이 없고, 몸을 잘 나타내어 법계에 두루 합니다."

至一切道하고 **入一切刹**하며 **知一切法**하고 **到一**

切世하며 平等演說一切法門하며 同時照耀一切衆生하며 於諸佛所에 不生分別하며 於一切處에 無有障礙하나니 而我云何能知能說彼功德行이리오

"모든 길에 이르고, 모든 세계에 들어가며, 모든 법을 알고, 모든 세상에 이르러 평등하게 모든 법문을 연설하며, 한꺼번에 모든 중생을 비추고, 모든 부처님에게 분별을 내지 아니하며, 모든 곳에 장애함이 없습니다. 그러나 제가 그러한 공덕의 행을 어떻게 능히 알며 능히 말할 수 있겠습니까."

4) 다음 선지식 찾기를 권유하다

善男子야 於此南方에 有城하니 名墮羅鉢底요 其中에 有神하니 名曰大天이니 汝詣彼問호대 菩薩이 云

何學菩薩行이며 修菩薩道리잇고하라 時에 善財童子가 頂禮其足하며 繞無數市하며 殷勤瞻仰하고 辭退而去하니라

"선남자여, 여기서 남쪽에 성城이 있으니 이름이 타라발저墮羅鉢底요, 거기에 신神이 있으니 이름이 대천大天입니다. 그대는 그에게 가서 '보살이 어떻게 보살의 행을 배우며 보살의 도를 닦습니까?'라고 물으십시오." 그때에 선재동자는 그의 발에 엎드려 절하고 수없이 돌고 은근하게 앙모하면서 하직하고 물러갔습니다.

문수지남도 제30, 선재동자가 대천신을 친견하다.

30. 대천신 大天神
제9 무박무착해탈회향 無縛無着解脫廻向 선지식

1) 대천신을 뵙고 법을 묻다

(1) 가르침에 의지하여 선지식을 찾다

爾時에 善財童子가 入菩薩廣大行하며 求菩薩

智慧境하며 見菩薩神通事하며 念菩薩勝功德하며

生菩薩大歡喜하며 起菩薩堅精進하며

그때에 선재동자는 보살의 광대한 행에 들어가서 보살의 지혜의 경계를 구하고, 보살의 신통한 일을 보고, 보살의 훌륭한 공덕을 생각하고, 보살의 크게 환희함을 내고, 보살의 견고한 정진을 일으키고,

입 보 살 부 사 의 자 재 해 탈　　행 보 살 공 덕 지
入菩薩不思議自在解脫_{하며} 行菩薩功德地_{하며}

관 보 살 삼 매 지　　주 보 살 총 지 지　　입 보 살 대
觀菩薩三昧地_{하며} 住菩薩總持地_{하며} 入菩薩大

원 지　　득 보 살 변 재 지
願地_{하며} 得菩薩辯才地_{하며}

　보살의 부사의하고 자유자재한 해탈에 들어가고, 보살의 공덕의 지위를 행하고, 보살의 삼매의 경지를 관찰하고, 보살의 다 지니는 지위에 머물고, 보살의 크게 원하는 지위에 들어가고, 보살의 변재의 지위를 얻고,

성 보 살 제 력 지　　점 차 유 행　　지 어 피 성
成菩薩諸力地_{하고} 漸次遊行_{하야} 至於彼城_{하야}

추 문 대 천　　금 재 하 소　　인 함 고 언　　재 차 성
推問大天_이 今在何所_{오한대} 人咸告言_{호대} 在此城

내　　현 광 대 신　　위 중 설 법
內_{하야} 現廣大身_{하사} 爲衆說法_{이라하니라}

　보살의 모든 힘의 지위를 이루면서 점점 다니다가 그 성에 이르러 대천신大天神이 지금 어디에 있느냐고 물으

니 사람들이 대답하기를, "이 성 안에 있어서 광대한 몸을 나타내고 대중들에게 법을 설한다."고 하였습니다.

(2) 공경을 나타내고 법을 묻다

爾時_에 善財_가 至大天所_{하야} 頂禮其足_{하고} 於前合掌_{하야} 而作是言_{호대} 聖者_여 我已先發阿耨多羅三藐三菩提心_{호니} 而未知菩薩_이 云何學菩薩行_{이며} 云何修菩薩道_{리잇고} 我聞聖者_는 善能教誨_{라하니} 願爲我說_{하소서}

그때에 선재동자가 대천신에게 가서 그의 발에 절하고 앞에서 합장하고 말하였습니다. "거룩하신 이여, 저는 이미 아뇩다라삼먁삼보리심을 내었습니다. 그러나 보살이 어떻게 보살의 행을 배우며 어떻게 보살의 도를 닦는지를 알지 못합니다. 제가 들으니 거룩하신 이께서 잘 가르치신다 하오니 바라옵건대 저를 위하여 말씀하여 주십시오."

2) 대천신이 법을 설하다

(1) 보살은 만나기 어렵다

爾時_{이시}에 **大天**_{대천}이 **長舒四手**_{장서사수}하사 **取四大海水**_{취사대해수}하야 **自洗其面**_{자세기면}하며 **持諸金華**_{지제금화}하야 **以散善財**_{이산선재}하고 **而告之言**_{이고지언}하사대

그때에 대천신이 네 손을 길게 펴서 네 바다의 물을 움켜 스스로 얼굴을 씻으며 여러 개의 황금 꽃을 선재에게 흩고 말하였습니다.

善男子_{선남자}야 **一切菩薩**_{일체보살}은 **難可得見**_{난가득견}이며 **難可得聞**_{난가득문}이며

희출세간   어중생중   최위제일   시제인중
希出世間이며 **於衆生中**에 **最爲第一**이며 **是諸人中**에

분 타 리 화
芬陀利華니라

"선남자여, 모든 보살은 친견하기 어렵고, 듣기 어렵고, 세간에 나오는 일이 드물어서, 중생들 가운데 가장 제일이며, 모든 사람들 가운데 흰 연꽃입니다."

대천신 선지식이 법을 설하기 전에 네 손을 길게 펴서 네 바다의 물을 움켜 스스로 얼굴을 씻으며 여러 개의 황금 꽃을 선재에게 흩었다. 그러고는 보살의 위대함을 낱낱이 들어 밝혔다. "보살은 실로 중생들 가운데 가장 제일이며, 모든 사람 가운데 아름답고 향기로운 백련화이다."라고 하였다.

　　　위 중 생 귀　　위 중 생 구　　위 제 세 간　　　작 안 은
爲衆生歸며 **爲衆生救**며 **爲諸世間**하야 **作安隱**

처　　위 제 세 간　　　작 대 광 명　　　시 미 혹 자　　안 은
處며 **爲諸世間**하야 **作大光明**이며 **示迷惑者**에 **安隱**

정도　　위대도사　　인제중생　　입불법문
正道며 爲大導師하야 引諸衆生하야 入佛法門이며

위대법장　　선능수호일체지성
爲大法將하야 善能守護一切智城이라

"중생들의 귀의할 곳이며, 중생들을 구원하는 분이며, 모든 세간을 위하여 편안한 곳이 되고, 모든 세간을 위하여 큰 광명이 되며, 미혹한 이에게 편안하고 바른 길을 가리키고, 큰 안내자가 되어, 모든 중생을 인도하여 불법의 문에 들게 하며, 큰 법의 장수가 되어 일체 지혜의 성을 잘 수호합니다."

보살의 특징을 잘 나타내었다. 실로 보살은 중생들의 귀의할 곳이며, 중생들을 구원하는 분이며, 모든 세간의 큰 광명이며, 편안하고 바른 길을 가리키고, 모든 중생들을 인도하여 불법의 문에 들게 하며, 큰 법의 장수가 되어 일체 지혜의 성을 잘 수호한다.

보살   여시난가치우   유신어의무과실자연
菩薩은 如是難可値遇니 唯身語意無過失者然

후   내득견기형상   문기변재   어일체시
後에 乃得見其形像하며 聞其辯才하며 於一切時에

상현재전
常現在前이니라

"보살은 이와 같이 만나기 어려우니 오직 몸과 말과 뜻에 허물이 없는 이라야 이에 그 형상을 보고 그 변재를 들으며 모든 시간에 앞에 항상 나타납니다."

(2) 운망雲網 해탈의 경계를 보이다

1〉 갖가지 보물과 꽃을 나타내 보이다

선남자   아이성취보살해탈   명위운망
善男子야 我已成就菩薩解脫호니 名爲雲網이니라

선재   언   성자   운망해탈   경계운하
善財가 言호대 聖者여 雲網解脫이 境界云何니잇고

"선남자여, 저는 이미 보살의 해탈을 성취하였으니 이름이 '구름 그물'입니다." 선재동자가 말하였습니다. "거룩하신 이여, 구름 그물 해탈의 경계가 어떠합니까?"

爾時大天이 於善財前에 示現金聚와 銀聚와 瑠璃聚와 玻瓈聚와 硨磲聚와 瑪瑙聚와 大焰寶聚와 離垢藏寶聚와 大光明寶聚와

그때에 대천신은 선재동자 앞에서 금 더미와, 은 더미와, 유리 더미와, 파려 더미와, 자거 더미와, 마노 더미와, 큰 불꽃 보배 더미와, 때 여읜 창고 보배 더미와, 큰 광명 보배 더미와,

普現十方寶聚와 寶冠聚와 寶印聚와 寶瓔珞聚와 寶幢聚와 寶鈴聚와 寶鎖聚와 珠網聚와 種種摩尼寶聚와 一切莊嚴具聚와 如意摩尼聚가 皆如大山하시며

시방에 두루 나타나는 보배 더미와, 보배 관 더미와, 보배 인장 더미와, 보배 영락 더미와, 보배 귀걸이 더미와, 보배 팔찌 더미와, 보배 자물쇠 더미와, 진주 그물 더미와, 가지각색 마니보배 더미와, 모든 장엄거리 더미와, 여의주 마니 더미를 모두 산과 같이 나타내 보였습니다.

우부시현일체화와 일체만과 일체향과 일체소
又復示現一切華와 一切鬘과 一切香과 一切燒

향과 일체도향과 일체의복과 일체당번과 일체음
香과 一切塗香과 一切衣服과 一切幢幡과 一切音

악과 일체오욕오락지구가 개여산적하시며 급현무
樂과 一切五欲娛樂之具가 皆如山積하시며 及現無

수백천만억제동녀중하고 이피대천이 고선재언
數百千萬億諸童女衆하고 而彼大天이 告善財言

하시니라

또 다시 일체 꽃과, 일체 화만과, 일체 향과, 일체 사르는 향과, 일체 바르는 향과, 일체 의복과, 일체 당기 번기와, 일체 음악과, 일체 다섯 가지 욕락 기구를 모두 산더미같이 나타내 보이며, 또 수없는 백천만억 모든 동녀를 나타내고는 대천신이 선재동자에게 말하였습니다.

2) 갖가지 물건을 보시하다

善男子야 **可取此物**하야 **供養如來**하야 **修諸福德**하며 **幷施一切**하야 **攝取衆生**하야 **令其修學檀波羅蜜**하야 **能捨難捨**이어다
(선남자야 가취차물하야 공양여래하야 수제복덕하며 병시일체하야 섭취중생하야 영기수학단바라밀하야 능사난사이어다)

"선남자여, 이 물건들을 가져다가 여래에게 공양하여 모든 복덕을 닦고, 또 일체를 보시하여 모든 중생을 거두어서 그들로 하여금 보시바라밀다를 배워서 버리기 어려운 것들을 버리게 하십시오."

대천신 선지식이 온갖 금은보화를 산더미같이 나타내어 쌓아놓고, 다시 또 온갖 꽃과 화만과 향과 사르는 향 등을

산더미같이 나타내어 쌓아놓고 선재동자에게 여래께 공양하기를 권하였다. 그리고 일체 중생에게도 보시하여 중생들을 가르쳐서 보시바라밀을 배우게 하기를 권하였다.

善男子야 **如我爲汝示現此物**하야 **敎汝行施**인달하야 **爲一切衆生**도 **悉亦如是**하야 **皆令以此善根熏習**하야 **於三寶所**와 **善知識所**에 **恭敬供養**하야 **增長善法**하야 **發於無上菩提之意**케호라

"선남자여, 제가 그대에게 이런 물건을 보여 주고 그대로 하여금 보시를 행하게 하듯이 일체 중생을 위하여서도 다 또한 그와 같이 하며, 모두 이 선근을 훈습한 것으로써 삼보三寶와 선지식에게 공경하고 공양하여 착한 법을 증장하고 위없는 보리심을 내게 합니다."

대천신 선지식은 선재동자에게 보시를 행하게 하듯이 일

체 중생에게도 그와 같이 보시하여 선근을 닦게 하고 삼보와 선지식에게 공경하고 공양하여 보리심을 발하도록 가르치는 것이다. 이것이 곧 대천신 선지식의 법이다. 불법에는 수많은 종류의 법이 있지만 이 대천신 선지식은 먼저 보시라는 한 가지 법으로써 중생들을 가르치고 교화한다. 그러고 나서 아래와 같은 갖가지 방법으로 구제한다. 중생들에게는 어떤 것보다 보시의 힘이 가장 크기 때문이다.

3) 갖가지 방편으로 중생을 구제하다

善男子_야 若有衆生_이 貪着五欲_{하야} 自放逸者_면
爲其示現不淨境界_{하며}

"선남자여, 만약 어떤 중생이 다섯 가지 욕락을 탐하여 스스로 방일한 이가 있으면 그를 위하여 부정한 경계를 보여 줍니다."

다음에는 대천신 선지식이 갖가지 방편으로 중생들을 구

제하는 사례를 밝혔다. 예컨대 눈으로 좋은 것을 보기를 탐하거나, 귀로 좋은 소리 듣기를 탐하거나, 코로 좋은 향기 맡기를 탐하거나, 혀로 좋은 맛 보기를 탐하거나, 몸으로 좋은 감촉 느끼기를 탐하면서 게으르기만 한 중생에게는 이 육신이 부정한 물건이라 지나치게 아끼고 보호할 것이 아니라는 사실을 나타내 보인다.

若有衆生이 瞋恚憍慢으로 多諍競者면 爲其示現極可怖形호대 如羅刹等의 飮血噉肉하야 令其見已하고 驚恐惶懼하야 心意調柔하야 捨離冤結하며

"만약 어떤 중생이 성을 잘 내고 교만하여 다투기를 좋아하는 이가 있으면 그를 위하여 지극하게 무서운 형상을 보여 주되 나찰 따위가 피를 빨고 살을 씹는 것을 나타내 보여서 그들로 하여금 보고 나서 놀라고 두려워서 마음이 부드럽고 원결을 여의게 합니다."

또 진심이 많고 교만하여 남과 다투기를 좋아하는 중생에게는 나찰귀신이 피를 마시고 살을 뜯어먹는 모습을 나타내 보여 놀라고 두렵게 하여 교화한다. 그러므로 나찰귀신과 같이 험악한 경계도 생각해야 할 선지식이다.

若有衆生이 昏沈懶惰하면 爲其示現王賊水火와 及諸重疾하야 令其見已하고 心生惶怖하야 知有憂苦하야 而自勉策케하노니

"만약 어떤 중생이 혼미하고 게으르면 그를 위하여 국왕의 법과 도적과 수재와 화재와 무거운 질병을 나타내 보여서 그로 하여금 보게 하고는 두려운 마음을 내고 근심과 고통을 알아서 스스로 힘쓰고 채찍질하게 합니다."

또한 혼미하고 게으른 사람들에게는 국왕의 법과 도적과

수재와 화재와 무거운 질병들도 모두 경책하고 교화하는 선지식이 된다. 가난하거나 병고가 많거나 고난이 많거나 장애가 많은 등의 일을 어찌 단순히 나쁘다고만 생각할 것인가. 모두가 자신을 경계하고 일깨워서 성숙하게 하는 큰 선지식이다. 그 모든 장애는 결코 장애가 아니라 모두 역행逆行보살이다.

以如是等種種方便으로 令捨一切諸不善行하야
修行善法하며 令除一切波羅蜜障하야 具波羅蜜하며
令超一切障礙險道하야 到無障處케호라

"이와 같은 등 갖가지 방편으로써 일체 모든 착하지 못한 행동을 버리고 착한 법을 닦게 하며, 모든 바라밀다의 장애를 제거하여 바라밀다를 구족하게 하며, 모든 장애가 되고 험하고 어려운 길을 벗어나서 장애가 없는 곳에 이르게 합니다."

대천신은 이와 같이 갖가지 방편으로써 일체 모든 착하지 못한 행동을 버리고 착한 법을 닦게 하는 선지식이다.

3) 자기는 겸손하고 다른 이의 수승함을 추천하다

善男子_야 我唯知此雲網解脫_{이어니와} 如諸菩薩摩訶薩_은 猶如帝釋_{하야} 已能摧伏一切煩惱_의 阿修羅軍_{하며}

"선남자여, 저는 다만 이 구름 그물 해탈을 알거니와 모든 보살마하살은 마치 제석천왕과 같이 이미 모든 번뇌의 아수라를 항복받았으며,

猶如大水_{하야} 普能消滅一切衆生_의 諸煩惱火_{하며}

마치 큰물과 같이 일체 중생의 모든 번뇌의 불을 널리 소멸시키며,

유여맹화　　보능건갈일체중생　　제애욕수
猶如猛火하야 **普能乾竭一切衆生**의 **諸愛欲水**하며

마치 맹렬한 불과 같이 일체 중생의 모든 애욕의 물을 널리 말려 버리며,

유여대풍　　보능취도일체중생　　제견취당
猶如大風하야 **普能吹倒一切衆生**의 **諸見取幢**하며

마치 큰 바람과 같이 일체 중생의 모든 소견의 당기를 널리 불어서 꺾어 버리며,

유여금강　　실능최파일체중생　　제아견산
猶如金剛하야 **悉能摧破一切衆生**의 **諸我見山**

하나니 **而我云何能知能說彼功德行**이리오
이 아 운 하 능 지 능 설 피 공 덕 행

마치 금강과 같이 일체 중생의 모든 '나'라는 소견의 산을 다 깨뜨려 버립니다. 그러나 제가 그러한 공덕의 행을 어떻게 능히 알며 능히 말할 수 있겠습니까."

보살들의 공능과 그 역할을 비유로써 잘 밝혔다. 보살은 마치 제석천왕과 같으며, 마치 큰물과 같으며, 마치 맹렬한 불길과 같으며, 마치 태풍과 같으며, 마치 금강과 같다고 하였다.

4) 다음 선지식 찾기를 권유하다

善男子야 **此閻浮提摩竭提國菩提場中**에 **有主**
선 남 자 차 염 부 제 마 갈 제 국 보 리 장 중   유 주

地神하니 **其名**이 **安住**니 **汝詣彼問**호대 **菩薩**이 **云何**
지 신   기 명   안 주   여 예 피 문   보 살   운 하

學^학菩^보薩^살行^행이며 修^수菩^보薩^살道^도리잇고하라 時^시에 善^선財^재童^동子^자가 禮^예大^대天^천足^족하며 繞^요無^무數^수帀^잡하고 辭^사退^퇴而^이去^거하니라

"선남자여, 이 염부제 마갈제국의 보리도량에 주지신主地神이 있으니 그 이름은 안주安住입니다. 그대는 그에게 가서 '보살이 어떻게 보살의 행을 배우며 보살의 도를 닦습니까?'라고 물으십시오." 그때에 선재동자는 대천신의 발에 절하고 수없이 돌고는 하직하고 물러갔습니다.

문수지남도 제31, 선재동자가 안주신을 친견하다.

31. 안주신 安住神
제10 등법계무량회향等法界無量廻向 선지식

1) 안주신을 뵙고 법을 묻다

(1) 땅의 신들이 선재동자를 찬탄하다

이시 선재동자 점차유행 취마갈제국
爾時에 **善財童子**가 **漸次遊行**하야 **趣摩竭提國**

보리장내안주신소
菩提場內安住神所하니라

그때에 선재동자는 점점 걸어서 마갈제국의 보리도량 안에 있는 안주신의 처소에 갔습니다.

백만지신 동재기중 갱상위언 차래
百萬地神이 **同在其中**하야 **更相謂言**하사대 **此來**

童子가 卽是佛藏이니 必當普爲一切衆生하야 作所依處며 必當普壞一切衆生의 無明㲉藏이라 此人이 已生法王種中하니 當以離垢無礙法繒으로 而冠其首하며 當開智慧大珍寶藏하야 摧伏一切邪論異道로다

백만의 땅 맡은 신이 함께 그 가운데 있어서 서로 말하였습니다. "여기에 오는 동자는 곧 부처님의 창고[佛藏]이니 반드시 일체 중생의 의지할 곳이 될 것이며, 반드시 일체 중생의 무명 껍데기를 깨뜨릴 것입니다. 이 사람은 이미 법왕의 종성 가운데 태어났으니 마땅히 때를 여의고 걸림 없는 법의 비단을 그의 머리에 쓰며, 마땅히 지혜의 큰 보배 창고를 열고 모든 삿된 이론과 외도들을 꺾을 것입니다."

안주신安住神은 혹 안주지신安住地神이라 한다. 그래서 백

만의 땅을 맡은 신[地神]들이 다 같이 선재동자의 공덕에 대해서 찬탄하였다. 동자는 곧 부처님의 창고[佛藏]이니 반드시 일체 중생의 의지할 곳이 될 것이며, 반드시 일체 중생의 무명 껍데기를 깨뜨릴 것이라는 등등을 찬탄하여 밝혔다.

(2) 안주신과 땅의 신들이 큰 광명을 놓다

時_에 安住等百萬地神_이 放大光明_{하사} 徧照三千大千世界_{하야} 普令大地_로 同時震吼_{케하시니}

이때에 안주지신 등 백만의 지신地神이 큰 광명을 놓아 삼천대천세계를 두루 비추니, 널리 대지로 하여금 한꺼번에 진동하게 하였습니다.

種種寶物_이 處處莊嚴_{하며} 影潔光流_{하야} 遞相鑒徹_{하며} 一切葉樹_가 俱時生長_{하며} 一切華樹_가 咸

공개부　　일체과수　　미불성숙
共開敷하며 **一切果樹**가 **靡不成熟**하며

　가지가지 보물이 곳곳마다 장엄하였으며, 깨끗한 그림자와 흐르는 빛이 번갈아 사무치었습니다. 모든 잎나무는 한꺼번에 자라나고 모든 꽃나무는 한꺼번에 꽃이 피고 모든 과실나무는 모두 익었습니다.

　　　　일체하류　　체상관주　　　일체지소　　실개영
一切河流가 **遞相灌注**하며 **一切池沼**가 **悉皆盈**

만　　우세향우　　　변쇄기지　　　풍래취화　　　보
滿하며 **雨細香雨**하야 **徧灑其地**하며 **風來吹華**하야 **普**

산기상　　무수음악　　일시구주
散其上하며 **無數音樂**이 **一時俱奏**하며

　모든 강물은 서로서로 흘러들고, 모든 못에는 다 물이 넘치며, 가늘고 향기로운 비가 내려 그 땅을 두루 적시고, 바람은 꽃을 불어다가 그 위에 널리 흩고, 무수한 음악은 일시에 연주하였습니다.

천장엄구 함출미음 우왕상왕 사자왕
天莊嚴具가 **咸出美音**하며 **牛王象王**과 **獅子王**

등 개생환희 용약효후 유여대산 상격
等이 **皆生歡喜**하야 **踊躍哮吼**에 **猶如大山**이 **相擊**

출성 백천복장 자연용현
出聲하며 **百千伏藏**이 **自然涌現**이러라

하늘의 장엄거리에서는 아름다운 음성을 다 같이 내어 소와 코끼리와 사자들이 모두 기뻐서 뛰놀고 부르짖으니 마치 큰 산이 서로 부딪쳐 소리를 내는 듯하고, 백천의 묻혀 있던 갈무리가 저절로 솟아나왔습니다.

백만의 지신地神이 큰 광명을 놓아 삼천대천세계를 두루 비추니, 널리 대지로 하여금 한꺼번에 진동하게 하여 일체 자연 현상이 한껏 대지 위에 펼쳐져서 아름다움을 뽐내는 모습을 잘 나타내고 있다. 이 모두가 실은 자연의 인연 법칙에 의하여 저절로 벌어지는 광경이며 우주의 질서인 것이다. 이것은 곧 일체 지신이 하는 일이기도 하다.

2) 안주신이 법을 설하다

(1) 백천 아승지 보장寶藏을 나타내 보이다

時에 安住地神이 告善財言하사대 善來童子야 汝
於此地에 曾種善根이라 我爲汝現호리니 汝欲見不아

그때에 안주지신이 선재동자에게 말하였습니다. "잘 왔습니다, 동자시여. 그대가 이 땅에서 일찍이 착한 뿌리를 심었을새 제가 그대를 위하여 나타내려 하노니 그대는 보고자 합니까?"

爾時善財가 禮地神足하며 繞無數帀하며 合掌而
立하야 白言호대 聖者여 唯然欲見하노이다

그때에 선재동자가 땅 맡은 신神의 발에 절하고 수없이 돌고 합장하고 서서 말하였습니다. "거룩하신 이여, 예, 보고자 합니다."

시 안주지신 이족안지 백천억아승지
時에 **安住地神**이 **以足按地**하신대 **百千億阿僧祇**

보장 자연용출 고언 선남자 금차보
寶藏이 **自然涌出**이어늘 **告言**하사대 **善男子**야 **今此寶**

장 수축어여 시여왕석선근과보 시여복력
藏이 **隨逐於汝**니 **是汝往昔善根果報**며 **是汝福力**

지소섭수 여응수의 자재수용
之所攝受니 **汝應隨意**하야 **自在受用**이어다

그때에 안주지신이 발로 땅을 눌러서 백천억의 아승지 보배 창고가 저절로 솟아오르게 하고 말하였습니다. "선남자여, 이 보배 창고는 그대를 따라다니는 것입니다. 이것은 그대가 옛적에 심은 착한 뿌리의 과보며, 이것은 그대의 복덕의 힘으로 섭수한 것이니, 그대는 응당 마음대로 사용하십시오."

안주신 선지식이 발로 땅을 누르자 땅속에 있던 한량없는 보배 창고[寶藏]가 솟아올랐다. 그런데 이 보배 창고들은 모두 선재동자가 지난날 닦아 놓은 선근의 과보이다. 또 복력으로 섭수한 것들이다. 이와 같이 자신이 지은 공덕은 아

무리 솜씨 좋은 도둑이라 하더라도 훔쳐가지 못한다. 또 스스로 버리려 해도 버리지도 못한다. 선업도 악업도 모두 마찬가지다. 이것이 인과법칙의 원리이다. 인과의 법칙은 땅[地神]과 함께하는 자연 현상이 가장 잘 보여 준다. 그러므로 사람들에게서 일어나는 인과법칙도 자연 현상에서 보고 깨달아야 한다.

(2) 불가괴不可壞지혜장 해탈문을 얻다

善男子_야 我得菩薩解脫_{호니} 名不可壞智慧藏_{이니} 常以此法_{으로} 成就衆生_{호라}

"선남자여, 저는 보살의 해탈을 얻었으니 이름이 '깨뜨릴 수 없는 지혜 창고'입니다. 항상 이 법으로써 중생들을 성취하게 합니다."

선남자　아억자종연등불래　　상수보살
善男子야 **我憶自從燃燈佛來**로 **常隨菩薩**하야

공경수호　　　관찰보살　　소유심행　　지혜경계
恭敬守護하며 **觀察菩薩**의 **所有心行**과 **智慧境界**와

일체서원　　제청정행　　일체삼매　　광대신통
一切誓願과 **諸淸淨行**과 **一切三昧**와 **廣大神通**과

대자재력　　무능괴법
大自在力과 **無能壞法**하며

"선남자여, 제가 기억하니, 연등 부처님 때로부터 항상 보살을 따라서 공경하고 호위하였으며, 보살의 마음과 행과 지혜의 경계와 모든 서원과 모든 청정한 행과 모든 삼매와 광대한 신통과 크게 자유자재한 힘과 깨뜨릴 수 없는 법을 관찰하였습니다."

변왕일체제불국토　　보수일체제여래기　　전
徧往一切諸佛國土와 **普受一切諸如來記**와 **轉**

어일체제불법륜　　광설일체수다라문
於一切諸佛法輪과 **廣說一切修多羅門**하며

"일체 모든 부처님 국토에 두루 가서 일체 모든 여

래의 수기를 다 받았으며, 일체 모든 부처님의 법륜을 굴리며, 일체 수다라의 문을 널리 설하였습니다."

大法光明으로 普皆照耀와 敎化調伏一切衆生과 示現一切諸佛神變하야 我皆能領受하며 皆能憶持호라

"큰 법의 광명으로 널리 비추어 모든 중생을 교화하고 조복하며, 일체 모든 부처님이 나타내 보이는 신통변화를 제가 모두 능히 받아 지니고 모두 능히 기억하여 지닙니다."

오늘날의 지질학자들은 돌덩이 하나, 흙덩이 하나에서 이 지구 50억 년의 역사를 다 알아낸다. 그 까닭은 돌덩이 하나, 흙덩이 하나가 이 지구 50억 년의 역사를 모두 기억하고 있기 때문이다. 이 지구의 땅을 맡은 신이 연등 부처님의

역사와 석가모니 부처님이 과거에 보살로 있으면서 수행하신 일체의 일을 어찌 기억하지 못하겠는가. 매우 당연한 일이다.

(3) 과거 묘안妙眼 부처님에게 법문을 얻다

善男子야 乃往古世에 過須彌山微塵數劫하야
(선남자야 내왕고세에 과수미산미진수겁하야)

有劫하니 名莊嚴이요 世界는 名月幢이며 佛號는 妙眼
(유겁하니 명장엄이요 세계는 명월당이며 불호는 묘안)

이니 於彼佛所에 得此法門호라
(이니 어피불소에 득차법문호라)

"선남자여, 지나간 옛적 수미산 미진수의 겁을 지나서 장엄겁이 있었습니다. 세계의 이름은 월당月幢이요, 부처님 명호는 묘안妙眼이니, 그 부처님에게서 이 법문을 얻었습니다."

안주신 선지식이 불가괴不可壞지혜장 해탈문을 얻은 내력을 설명하고 있다. 장엄겁莊嚴劫이란 과거·현재·미래의 3대겁 가운데서 현재를 현겁賢劫, 미래를 성수겁星宿劫이라 하는데 대하여 과거의 대겁을 장엄겁이라 하며, 이 장엄겁의 주겁住劫 동안에 화광불華光佛로부터 비사부불毘舍浮佛까지 일천 불이 나셨다고 한다. 그 가운데 어느 때 묘안 부처님 계시는 데서 법을 얻은 것이다.

善男子야 我於此法門에 若入若出에 修習增長하며 常見諸佛하야 未曾捨離하며 始從初得으로 乃至 賢劫히 於其中間에 値遇不可說不可說佛刹微塵數如來應正等覺하야 悉皆承事하야 恭敬供養하며

"선남자여, 저는 이 법문에서 들거나 나거나 하면서 닦고 익히고 증장하게 하였으며, 모든 부처님을 항상 뵈옵고 일찍이 떠나지 않았으며, 이 법문을 처음 얻고 부터 현겁賢劫에 이르기까지 그동안에 말할 수 없이 말

할 수 없는 세계의 미진수 여래 응공 정등각을 만나서 모두 받들어 섬기고 공경하고 공양하였습니다."

亦見彼佛의 詣菩提座하사 現大神力하며 亦見彼佛의 所有一切功德善根호라
역견피불   예보리좌   현대신력   역견피불 소유일체공덕선근

"또 저 부처님들이 보리좌에 나아가 큰 신통을 나타 내심을 보았으며, 또 그 부처님들이 가지신 모든 공덕과 착한 뿌리를 보았습니다."

안주신 선지식이 법문을 얻고 나서 길고 긴 세월 동안 과거 장엄겁에서부터 현재의 현겁에 이르기까지 무수한 부처님을 친견하여 받들어 섬기고 공경하며 공양하였고, 그 많은 부처님들이 보리도량의 금강좌에 앉아서 신통을 나타내는 것을 보았고, 그 부처님들이 가진 모든 공덕을 다 보았음도 밝혔다.

3) 자기는 겸손하고 다른 이의 수승함을 추천하다

善_선男_남子_자야 我_아唯_유知_지此_차不_불可_가壞_괴智_지慧_혜藏_장法_법門_문이어니와 如_여諸_제菩_보薩_살摩_마訶_하薩_살은 常_상隨_수諸_제佛_불하야 能_능持_지一_일切_체諸_제佛_불 所_소說_설하며 入_입一_일切_체佛_불甚_심深_심智_지慧_혜하며 念_염念_념充_충徧_변一_일切_체 法_법界_계하야 等_등如_여來_래身_신하며 生_생諸_제佛_불心_심하며 具_구諸_제佛_불法_법하며 作_작諸_제佛_불事_사하나니 而_이我_아云_운何_하能_능知_지能_능說_설彼_피功_공德_덕行_행이리오

"선남자여, 저는 다만 이 깨뜨릴 수 없는 지혜 창고 법문만을 알거니와 모든 보살마하살은 모든 부처님을 항상 따라다니면서 일체 모든 부처님의 말씀을 능히 지니고, 일체 부처님의 매우 깊은 지혜에 들어가서 잠깐잠깐마다 모든 법계에 가득하며, 여래의 몸과 같고, 모든 부처님의 마음을 내며, 모든 부처님의 법을 구족하고, 모든 부처님의 일을 짓습니다. 그러나 제가 그러한 공덕의 행을 어떻게 능히 알며 능히 말할 수 있겠습니까."

4) 다음 선지식 찾기를 권유하다

善男子야 此閻浮提摩竭提國迦毘羅城에 有主
夜神하니 名婆珊婆演底니 汝詣彼問호대 菩薩이 云
何學菩薩行이며 修菩薩道리잇고하라 時에 善財童子가
禮地神足하며 繞無數帀하며 殷勤瞻仰하고 辭退而
去하니라

"선남자여, 이 염부제 마갈제국의 가비라성에 밤[夜]을 맡은 신神이 있으니 이름이 바산바연저婆珊婆演底입니다. 그대는 그에게 가서 '보살이 어떻게 보살의 행을 배우며 보살의 도를 닦습니까?'라고 물으십시오." 그때에 선재동자는 안주지신의 발에 엎드려 절하고 수없이 돌고 은근하게 앙모하면서 하직하고 물러갔습니다.

문수지남도 제32, 선재동자가 바산바연저주야신을 친견하다.

【 십지위+地位 선지식 】

32. 바산바연저주야신 婆珊婆演底主夜神

제1 환희지歡喜地 선지식

1) 바산바연저주야신을 뵙고 법을 묻다

(1) 가르침을 생각하며 선지식을 찾다

이시ㅔ 선재동자가 일심사유안주신교하야 억
爾時에 善財童子가 一心思惟安住神敎하야 憶

지보살불가저괴지장해탈하야 수기삼매하며 학
持菩薩不可沮壞智藏解脫하야 修其三昧하며 學

기궤칙하며 관기유희하며 입기미묘하며 득기지혜
其軌則하며 觀其遊戱하며 入其微妙하며 得其智慧
하며

그때에 선재동자는 일심으로 안주신의 가르침을 생
각하고 보살의 깨뜨릴 수 없는 지혜 창고 해탈을 기억

하여 그 삼매를 닦고, 그 궤칙軌則을 배우고, 그 유희를 살피고, 그 미묘한 데 들어가고, 그 지혜를 얻었습니다.

달 기 평 등   지 기 무 변   측 기 심 심   점 차
達其平等하며 知其無邊하며 測其甚深하고 漸次

유 행   지 어 피 성
遊行하야 至於彼城하야

그 평등함을 통달하고, 그 그지없음을 알고, 그 깊고 깊음을 헤아리면서 점점 걸어서 그 성城에 이르렀습니다.

종 동 문 입   저 립 미 구   변 견 일 몰   심 념 수
從東門入하야 佇立未久에 便見日沒하고 心念隨

순 제 보 살 교   갈 앙 욕 견 피 주 야 신   어 선 지
順諸菩薩教하야 渴仰欲見彼主夜神하야 於善知

식   생 여 래 상
識에 生如來想하며

동문東門으로 들어가서 잠깐 서 있는 동안에 해가 문득 넘어가고 마음에 모든 보살의 가르침을 수순하면서

저 주야신主夜神을 친견하려고 하면서 선지식은 여래와 같다는 생각을 하였습니다.

선재동자가 안주신 선지식의 가르침을 따라 다시 바산바연저주야신 선지식을 친견하고자 하면서 선지식이란 곧 여래와 같다는 생각을 하였다. 어떤 특정한 사람을 선지식으로 생각하든지 부처님의 가르침인 법화경이나 화엄경 등을 선지식으로 생각하든지 선지식은 여래와 같다고 생각해야 한다. 그것이 선지식을 대하는 바른 자세이다.

復作是念호대 由善知識하야 得周徧眼하야 普能
부작시념   유선지식   득주변안   보능

明見十方境界며 由善知識하야 得廣大解하야 普
명견시방경계   유선지식   득광대해   보

能了達一切所緣이며 由善知識하야 得三昧眼하야
능요달일체소연   유선지식   득삼매안

普能觀察一切法門이며 由善知識하야 得智慧眼하야
보능관찰일체법문   유선지식   득지혜안

보 능 명 조 시 방 찰 해
普能明照十方刹海로다

또 생각하기를 '선지식으로부터 두루 보는 눈을 얻어 시방의 경계를 널리 볼 것이며, 선지식으로부터 광대한 지혜를 얻어 모든 반연을 널리 통달할 것이며, 선지식으로부터 삼매의 눈을 얻어 모든 법문을 널리 관찰할 것이며, 선지식으로부터 지혜의 눈을 얻어 시방의 세계 바다를 널리 밝게 비추리라.'라고 하였습니다.

오늘날에는 선지식을 사람에게서 찾아서는 안 될 것이다. 만약 선지식을 찾아 의지하고 싶은 생각이 있다면 반드시 화엄경으로 선지식을 삼아야 할 것이다. 설사 53명의 선지식과 같은 분들이 실제로 계신다 하더라도 화엄경과는 비교할 수 없으리라. 실로 화엄경 선지식은 두루 보는 눈을 얻어 시방의 경계를 널리 보게 할 것이며, 광대한 지혜를 얻어 모든 반연을 널리 통달하게 할 것이며, 삼매의 눈을 얻어 모든 법문을 널리 관찰하게 할 것이며, 지혜의 눈을 얻어 시방의 세계 바다를 널리 밝게 비추게 할 것이다.

(2) 공경을 나타내고 법을 묻다

1〉 바산바연저주야신

작시념시　　견피야신　　어허공중　　처보누각
作是念時에 **見彼夜神**이 **於虛空中**에 **處寶樓閣**

향연화장사자지좌　　　신진금색　　　목발감청
香蓮華藏獅子之座하니 **身眞金色**이요 **目髮紺靑**이며

형모단엄　　견자환희　　중보영락　　이위엄
形貌端嚴하야 **見者歡喜**하며 **衆寶瓔珞**으로 **以爲嚴**

식　　신복주의　　수대범관　　일체성수　　병
飾하며 **身服朱衣**하고 **首戴梵冠**하며 **一切星宿**가 **炳**

연재체
然在體하며

이와 같이 생각하다가 그 밤 맡은 신이 허공에 있는 보배 누각의 향연화장香蓮華藏 사자좌에 앉아 있는 것을 보니, 몸은 금빛이요 눈과 머리카락은 검푸르고 용모가 단정하여 보는 이마다 환희하며, 온갖 보배 영락으로 장엄하고 몸에는 붉은 옷을 입고 머리에는 범천의 관을 썼으며, 무수한 별들이 몸에서 밝게 빛났습니다.

어기신상일일모공　개현화도무량무수악
於其身上一一毛孔에 **皆現化度無量無數惡**

도중생　　영기면리험난지상　　시제중생　혹
道衆生하야 **令其免離險難之像**하니 **是諸衆生**이 **或**

생인중　　혹생천상　　혹유취향이승보리
生人中하며 **或生天上**하며 **或有趣向二乘菩提**하며

혹유수행일체지도
或有修行一切智道하며

　그 몸의 낱낱 모공마다 한량없고 수없는 나쁜 길 중생을 제도하여 험난한 길을 면하게 하는 형상을 모두 나타내는데, 이 모든 중생들은 혹 인간에 나기도 하고, 혹 천상에 나기도 하며, 혹 이승二乘의 보리로 향해 가기도 하고, 혹 일체 지혜의 길을 닦기도 하였습니다.

　바산바연저주야신 선지식에게 법을 묻기 전에 먼저 바산바연저주야신 선지식의 모습과 공덕과 교화 작용 등을 밝혔다. "몸은 금빛이요 눈과 머리카락은 검푸르고 용모가 단정하여 보는 이마다 환희하며, 온갖 보배 영락으로 장엄하고 몸에는 붉은 옷을 입었다."라고 하였다. 특히 몸의 낱낱 모

공에서는 한량없는 악도의 중생을 제도하여 험난한 길을 면하게 하는 형상을 나타내는데, 그들 중생이 인간이나 천상에 태어나고 성문이나 독각들이 보리로 향해 가고 일체 지혜의 도를 수행하는 모습을 나타내었다.

우피일일제모공중　시현종종교화방편
又彼一一諸毛孔中에 **示現種種敎化方便**호대

혹위현신　혹위설법　혹위시현성문승도
或爲現身하며 **或爲說法**하며 **或爲示現聲聞乘道**하며

혹위시현독각승도
或爲示現獨覺乘道하며

또한 그 낱낱 모든 모공마다 가지가지 교화하는 방편을 나타내 보이는데, 혹 몸을 나타내기도 하고, 혹 법을 설하기도 하며, 혹 성문승聲聞乘의 도를 나타내기도 하고, 혹 독각승獨覺乘의 도를 나타내 보이기도 하였습니다.

或爲示現諸**菩薩行**과 **菩薩勇猛**과 **菩薩三昧**와
菩薩自在와 **菩薩住處**와 **菩薩觀察**과 **菩薩獅子頻申**과 **菩薩解脫遊戲**하야 **如是種種**으로 **成熟衆生**이러라

혹 보살의 행과, 보살의 용맹과, 보살의 삼매와, 보살의 자재와, 보살의 머무는 곳과, 보살의 관찰과, 보살의 사자의 기운 뻗음과, 보살의 해탈 유희를 나타내 보이기도 하여 이와 같은 가지가지로 중생을 성숙하게 하였습니다.

바산바연저주야신 선지식은 낱낱 모공에서 가지가지의 교화 방편을 다 나타낸다. 성문승의 도와, 독각승의 도와, 보살의 행과, 보살의 용맹과, 삼매와, 자재와, 머무는 곳 등 나타내지 못하는 것이 없다. 이러한 모습들이 선재동자가 보고 들은 주야신 선지식의 모습과 공덕과 교화 작용이다.

2) 지혜에 이르는 길을 묻다

善財童子가 見聞此已하고 心大歡喜하야 以身投地하야 禮夜神足하고 繞無數帀하고 於前合掌하야 而作是言호대

선재동자는 이런 일을 보기도 하고 듣기도 하고는 마음이 크게 환희하여 땅에 엎드려 주야신의 발에 절하고 수없이 돌고 그의 앞에 합장하고 말하였습니다.

聖者여 我已先發阿耨多羅三藐三菩提心호니 我心冀望依善知識하야 獲諸如來功德法藏하노니 唯願示我一切智道하소서 我行於中하야 至十力地호리이다

"거룩하신 이여, 저는 이미 아뇩다라삼먁삼보리심을

내었습니다. 저의 마음은 선지식을 의지하여 모든 여래의 공덕과 법장法藏을 얻기를 희망하오니 바라옵건대 저에게 일체 지혜의 길을 보여 주십시오. 저는 그 길을 행하여 열 가지 힘의 지위에 이르고자 합니다."

그동안에는 선재동자가 선지식들을 친견하면 반드시 보살의 행과 보살의 도를 물었다. 그런데 "저의 마음은 선지식을 의지하여 모든 여래의 공덕과 법장法藏을 얻기를 희망한다."고 하면서 일체 지혜의 길을 보여 주기를 원하며, 그 길을 행하여 열 가지 힘의 지위[十力地]에 이르고자 한다고 하였다. 열 가지 힘의 지위란 곧 부처님의 경지이다. 보살행을 닦아서 부처님의 경지에 이르기도 하지만 부처님의 경지에 이르고 난 뒤에도 역시 보살행을 실천하고자 하는 것이 화엄경 대승보살불교 본래의 뜻이다.

2) 바산바연저주야신이 법을 설하다

(1) 모든 어둠을 깨뜨리는 광명 해탈을 얻다
1〉 중생들에게 갖가지 마음을 일으키다

時彼夜神이 告善財言하사대 善哉善哉라 善男子여 汝能深心으로 敬善知識하야 樂聞其語하고 修行其敎하니 以修行故로 決定當得阿耨多羅三藐三菩提하리라

　그때에 저 주야신이 선재동자에게 말하였습니다. "훌륭하고 훌륭합니다. 선남자여, 그대는 능히 깊은 마음으로 선지식을 공경하여 그 말을 즐겨 듣고 가르치는 대로 수행하나니, 수행하는 연고로 결정코 마땅히 아뇩다라삼먁삼보리를 얻을 것입니다."

　주야신은 선재동자가 깊고 깊은 마음으로 선지식을 공경하고 선지식의 말씀을 즐겨 듣고 선지식의 가르침을 수행

하므로 반드시 가장 높은 깨달음을 얻게 되리라고 보증하였다.

善男子_야 我得菩薩破一切衆生癡暗法光明
解脫_{호라} 善男子_야 我於惡慧衆生_에 起大慈心_{하며}
於不善業衆生_에 起大悲心_{하며}

"선남자여, 저는 보살의 일체 중생의 어리석음의 어둠을 깨뜨리는 법의 광명 해탈을 얻었습니다. 선남자여, 저는 나쁜 꾀를 가진 중생에게는 크게 인자한 마음을 일으키고, 착하지 못한 업을 짓는 중생에게는 크게 가엾이 여기는 마음을 일으킵니다."

주야신 선지식은 일체 중생의 어리석음의 어둠을 깨뜨리는 법의 광명 해탈을 얻은 선지식이므로 나쁜 꾀를 가진 중생에게는 크게 인자한 마음을 일으키고, 착하지 못한 업을 짓는 중생에게는 크게 가엾이 여기는 마음을 일으킨다. 보통의 사람들은 나쁜 꾀를 부리고 악한 업을 짓는 중생을 만나면 그를 증오하고 비판하며 멀리하려고 한다. 진정한 불자라면 증오하거나 비판할 것이 아니라 이와 같이 인자한 마음과 크게 가엾이 여기는 마음을 내어 그를 제도하고 교화해야 할 것이다.

於作善業衆生에 **起於喜心**하며 **於善惡二行衆生**에 **起不二心**하며 **於雜染衆生**에 **起令生淸淨心**하며 **於邪道衆生**에 **起令生正行心**하며

"착한 업을 짓는 중생에게는 기뻐하는 마음을 일으키고, 착하고 나쁜 두 가지 행을 하는 중생에게는 둘이 아닌 마음을 일으키고, 잡되고 물든 중생에게는 청정함을 내게 하는 마음을 일으키고, 삿된 길로 가는 중생에게는 바른 행을 내게 하는 마음을 일으킵니다."

어열해중생 기영흥대해심 어낙생사중
於劣解衆生에 **起令興大解心**하며 **於樂生死衆**

생 기영사윤전심 어주이승도중생 기영
生에 **起令捨輪轉心**하며 **於住二乘道衆生**에 **起令**

주일체지심 선남자 아이득차해탈고 상
住一切智心호니 **善男子**야 **我以得此解脫故**로 **常**

여여시심 공상응
與如是心으로 **共相應**호라

"용렬한 이해를 가진 중생에게는 큰 이해를 내게 하는 마음을 일으키고, 생사를 좋아하는 중생에게는 윤회를 버리게 하는 마음을 일으키고, 이승二乘의 길에 머문 중생에게는 일체 지혜에 머물게 하는 마음을 일으킵니다. 선남자여, 저는 이 해탈을 얻었으므로 항상 이와 같은 마음으로 다 같이 서로 응하여 어울립니다."

바산바연저주야신 선지식이 법을 설하는데 먼저 자신이 '모든 중생들의 어리석음의 어둠을 깨뜨리는 법의 광명 해탈'을 얻었음을 밝히고, 그 해탈의 힘으로 온갖 중생에게 갖가지 마음을 일으키는 것을 설하였다. 즉 나쁜 꾀를 가진 중생과, 착하지 못한 업을 짓는 중생과, 착한 업을 짓는 중생과,

착하고 나쁜 두 가지 행을 하는 중생과, 잡되고 물든 중생 등 온갖 경우의 중생을 들고 그에 알맞은 마음을 일으켜서 그들과 서로 응하여 알맞게 어울린다고 하였다. 아래에는 그와 같은 여러 가지 경우를 들어 교화하는 예를 밝혔다.

2) 중생들의 갖가지 고난을 구제하다

善男子야 我於夜暗人靜하야 鬼神盜賊과 諸惡衆生의 所遊行時와 密雲重霧하며 惡風暴雨로 日月星宿가 幷皆昏蔽하야 不見色時에 見諸衆生이 若入於海이나 若行於陸하야 山林曠野諸險難處에 或遭盜賊하며 或乏資糧하며 或迷惑方隅하며 或忘失道路하야 憧惶憂怖하야 不能自出하면 我時에 卽

이 종 종 방 편   이 구 제 지
以種種方便으로 **而救濟之**하나라

 "선남자여, 저는 밤이 깊고 사람들이 고요하여 귀신과 도둑과 나쁜 중생들이 쏘다닐 때나, 구름이 끼고 안개가 자욱하고 태풍이 불고 억수가 퍼붓고 해와 달과 별빛이 어두워 지척을 분별하지 못할 때에, 많은 중생들이 바다에 들어가거나 육지를 다니거나 산림 속이나 거친 벌판이나 험난한 곳에서 혹 도둑을 만나거나 혹 양식이 떨어졌거나 혹 방향을 모르거나 혹 길을 잃었거나 해서 놀라고 황급하고 두려워서 스스로 벗어나지 못하는 것을 보고는 제가 그때에 곧바로 가지가지 방편으로 그들을 구제합니다."

 중생들이 겪는 고통이 옛날에는 주로 자연 재해로 인해서였으나 지금은 악한 지식과 악한 기술과 악한 행위들이 발달하여 인간이 고의로 저지름으로 해서 겪는 경우가 많다. 정치에 의하여 국민들이 고통을 겪고 전쟁에 의하여 고통을 겪는 것이 대표적이다. 그 외에도 사기와 협잡 등 그 모든 고난을 낱낱이 열거하자면 끝이 없을 것이다.

위해난자 시작선사 어왕마왕 귀왕상
爲海難者하야 示作船師와 魚王馬王과 龜王象

왕 아수라왕 급이해신 위피중생 지악
王과 阿修羅王과 及以海神하야 爲彼衆生하야 止惡

풍우 식대파랑 인기도로 시기주안
風雨하고 息大波浪하야 引其道路하며 示其洲岸하야

영면포외 실득안은 부작시념 이차선
令免怖畏하야 悉得安隱하고 復作是念호대 以此善

근 회시중생 원령사리일체제고
根으로 廻施衆生하야 願令捨離一切諸苦하니라

"바다에서 헤매는 이에게는 뱃사공이 되고, 큰 고기나 큰 말이나 큰 거북이나 큰 코끼리나 아수라왕이나 바다 맡은 신장이 되어 그 중생을 위하여 폭풍우가 그치고 큰 파도를 가라앉게 해서 길을 인도하여 섬이나 언덕을 보여 주어 공포에서 벗어나 편안하게 합니다. 그러고는 다시 생각하기를 '이 선근을 중생에게 회향하여 베풀어서 일체 모든 괴로움을 여의게 하여지이다.'라고 합니다."

바다에서 일어나는 고난을 들었다. 바다에서 어떤 고난

을 만나더라도 그들을 모두 편안하게 하고 나서 그 선근을 다시 모든 중생들에게 회향하여 베풀어서 일체 고통이 없기를 서원한다.

위 재 육 지 일 체 중 생   어 야 암 중   조 공 포 자
爲在陸地一切衆生이 **於夜暗中**에 **遭恐怖者**하야

현 작 일 월   급 제 성 수   신 하 석 전   종 종 광 명
現作日月과 **及諸星宿**와 **晨霞夕電**의 **種種光明**하며

혹 작 옥 택   혹 위 인 중   영 기 득 면 공 포 지 액
或作屋宅하며 **或爲人衆**하야 **令其得免恐怖之厄**하고

부 작 시 념   이 차 선 근   회 시 중 생   실 령 제
復作是念호대 **以此善根**으로 **廻施衆生**하야 **悉令除**

멸 제 번 뇌 암
滅諸煩惱暗하니라

"육지를 다니는 모든 중생들이 캄캄한 밤에 무서운 일을 당했을 적에 해나 달이나 별이나 새벽 여명이나 저녁 번개의 갖가지 광명이 되기도 하며, 혹 집이 되고 혹 여러 사람이 되기도 하여 그들로 하여금 두렵고 위태한 액난을 면하게 합니다. 그러고는 다시 생각하기를

'이 선근을 중생에게 회향하여 베풀어서 모든 번뇌의 어두움을 소멸하여지이다.'라고 합니다."

　다음은 육지에서 어두운 밤길에 두려움을 만나는 경우이다. 그럴 때 해나 달이나 별이나 새벽 여명이나 저녁 번개 등 갖가지 광명이 되기도 하고, 혹 집이 되고 혹 여러 사람이 되기도 하여 그들로 하여금 두렵고 위태한 액난을 면하게 하고 다시 서원하여 그 선근을 중생들에게 회향한다.

　　일체 중생　　유석 수명　　　유애 명문　　　유
　　一切衆生이 有惜壽命이어나 有愛名聞이어나 有

탐재보　　유중관위　　유착남녀　　유연처첩
貪財寶어나 有重官位어나 有着男女어나 有戀妻妾

　　미 칭 소 구　　다 생 우 포　　아 개 구 제　　영
호대 未稱所求하야 多生憂怖하면 我皆救濟하야 令

기 이 고
其離苦하며

　"일체 중생으로서 목숨을 아끼거나 명예를 사랑하거

나 재물을 탐하거나 벼슬을 소중히 여기거나 남자나 여자에게 애착하거나 처첩을 그리워하거나 구하는 일을 이루지 못하고 근심하는 이들은 제가 모두 구제하여 그들로 하여금 괴로움을 여의게 합니다."

이 내용은 모든 사람들이 거의 다 가지고 있는, 근심 걱정하며 고통받는 일들이다. 그 모든 두려움의 고통까지도 주야신 선지식은 다 구제하여 고통에서 벗어나게 한다.

爲行山險而留難者_{하야} 爲作善神_{하야} 現形親近_{하고} 爲作好鳥_{하야} 發音慰悅_{하고} 爲作靈藥_{하야} 舒光照耀_{하며} 示其果樹_{하고} 示其泉井_{하고} 示正直道_{하고} 示平坦地_{하야} 令其免離一切憂厄_{하며}

"험한 산악지대에서 조난당한 이에게는 착한 신장이

되어 나타나서 친근하기도 하고, 좋은 새가 되어 아름다운 소리로 위로하기도 하고, 신비한 약초가 되어 빛을 내어 비춰 주기도 하고, 과실나무를 보여 주고 맑은 샘을 보여 주고 지름길을 보여 주고 평탄한 길을 보여 주어 그들로 하여금 모든 액난을 면하게 합니다."

험한 산악지대에서 조난을 당했을 때 좋은 새가 되어 아름다운 소리로 위로하고, 신비한 약초가 되어 빛을 내어 비춰 주기만 해도 얼마나 도움이 되고 마음이 놓일까. 주야신은 그와 같은 경우까지도 다 살핀다.

爲行曠野稠林險道에 藤蘿所胃과 雲霧所暗으로 而恐怖者하야 示其正道하야 令得出離하고 作是念言호대 願一切衆生이 伐見稠林하고 截愛羅網하며 出生死野하고 滅煩惱暗하며 入一切智平坦正道

하고 到無畏處畢竟安樂^{도 무 외 처 필 경 안 락}이라호라

"거친 벌판이나 빽빽한 숲속이나 험난한 길을 다니다가 덩굴에 얽히거나 안개에 싸여 두려워하는 이에게는 바른 길을 지도하여 벗어나게 하고는 다시 생각하기를 '원컨대 일체 중생이 삿된 소견의 숲을 베며 애욕의 그물을 찢고, 생사의 벌판에서 벗어나며 번뇌의 어둠을 소멸하고, 일체 지혜의 평탄한 길에 들어서서 공포가 없는 곳에 이르러 끝까지 안락하게 하여지이다.' 라고 합니다."

거친 벌판이나 빽빽한 숲속이나 험난한 길은 단순하게 자연 현상에만 있는 것이 아니다. 중생들의 생각에도 그와 같은 모습은 매우 많다. 선지식은 사람들의 생각 속에 있는 거친 벌판과 빽빽한 숲과 험난한 길을 염려하여 삿된 소견의 숲을 베며 애욕의 그물을 찢고, 생사의 벌판에서 벗어나며 번뇌의 어둠을 소멸하고, 일체 지혜의 평탄한 길에 들어가기를 원하는 것이다.

선남자   약유중생   낙착국토   이우고자
善男子야 **若有衆生**이 **樂着國土**하야 **而憂苦者**면

아이방편   영생염리   작시념언   원일체
我以方便으로 **令生厭離**하고 **作是念言**호대 **願一切**

중생   불착제온   주일체불살바야경
衆生이 **不着諸蘊**하고 **住一切佛薩婆若境**이라호라

"선남자여, 만약 어떤 중생이 국토에 애착하여 근심하는 이에게는 저는 방편을 베풀어 싫증을 내어 떠나게 하고 나서 다시 생각하기를 '원컨대 일체 중생이 오온五蘊에 애착하지 말고 모든 부처님의 일체 지혜의 경지에 머무르게 하여지이다.'라고 합니다."

국토에 집착하여 그것으로 인해 고통받는 중생들을 구원하고 그들을 위해 서원하는 것을 밝혔다.

       선남자   약유중생   낙착취락   탐애택사
       善男子야 **若有衆生**이 **樂着聚落**하고 **貪愛宅舍**

       상 처 흑 암   수 제 고 자   아 위 설 법   영
하야 **常處黑暗**하야 **受諸苦者**하면 **我爲說法**하야 **令**

生厭離하며 令法滿足하며 令依法住하고 作是念言
호대 願一切衆生이 悉不貪樂六處聚落하고 速得出
離生死境界하야 究竟安住一切智城이라호라

"선남자여, 만약 어떤 중생이 마을을 사랑하고 집에 탐착하느라고 어둠 속에서 항상 괴로움을 받는 이에게는 저는 법을 설하여 싫증을 내게 하고 법에 만족하게 하며 법에 의지하여 머물게 하고 나서 다시 생각하기를 '원컨대 일체 중생이 모두 여섯 군데 마을에 탐착하지 말고, 생사의 경지에서 빨리 벗어나 끝까지 일체 지혜의 성城에 편안히 머물러지이다.'라고 합니다."

마을을 사랑하고 집에 탐착하느라고 어둠 속에서 항상 괴로움을 받는 이들을 교화하고 다시 그들을 위해 서원하는 내용이다. 출가하여 수행하는 사람들 중에도 자기의 땅이나 자기의 절이나 자기의 토굴이 반드시 있었으면 하고 집착하는 이들이 적지 않다. 그동안 배운 불법으로 만족하지 못하고, 또한 불법이 의지도 되지 못하여 마음 붙일 곳이 없어서 힘들어한다. '진실로 원하옵나니 일체 중생이 모두 색·성·향·미·촉·법이라는 여섯 군데 마을에 탐착하지 말고, 생사의 경지에서 빨리 벗어나 끝까지 일체 지혜의 성城에 편안히 머물러지이다.

선 남 자   약 유 중 생   행 암 야 중   미 혹 시 방
善男子야 **若有衆生**이 **行暗夜中**에 **迷惑十方**하야

어 평 탄 로   생 험 난 상   어 험 난 도   기 평 탄 상
於平坦路에 **生險難想**하고 **於險難道**에 **起平坦想**

이 고 위 하   이 하 위 고   기 심 미 혹   생
하며 **以高爲下**하고 **以下爲高**하야 **其心迷惑**하야 **生**

대 고 뇌   아 이 방 편   서 광 조 급   약 욕 출 자
大苦惱하면 **我以方便**으로 **舒光照及**하야 **若欲出者**

시 기 문 호
어든 **示其門戶**하며

"선남자여, 만약 어떤 중생이 캄캄한 밤길을 가다가 방위를 잘못 알아 평탄한 길에는 험난한 생각을 내고 위험한 길에는 평탄한 생각을 내며, 높은 데를 낮다 하

고 낮은 데를 높다 하여 마음이 홀리어 크게 고생하는 이에게는 제가 방편으로 광명을 비추어서 만약 벗어나고자 하는 이에게는 문을 보여 줍니다."

若欲行者_{어든} 示其道路_{하며} 欲度溝洫_{이어든} 示其橋梁_{하며} 欲涉河海_{어든} 與其船筏_{하며} 樂觀方者_{어든} 示其險易安危之處_{하며} 欲休息者_{어든} 示其城邑水樹之所_{하고} 作是念言_{호대} 如我於此_에 照除夜暗_{하야} 令諸世事_로 悉得宣敍_{인달하야} 願我普於一切衆生生死長夜無明暗處_에 以智慧光_{으로} 普皆照了_{라호라}

"만약 다니고자 하는 이에게는 길을 보여 주고, 냇물

을 건너려는 이에게는 다리를 보여 주고, 강을 건너려는 이에게는 배나 뗏목을 주며, 방향을 살피는 이에게는 험하고 평탄하고 위태하고 편안한 곳을 일러 주고, 쉬어 가려는 이에게는 도시와 마을과 물과 숲이 있는 곳을 가리켜 주고 나서 다시 생각하기를 '내가 여기서 캄캄한 밤을 밝혀 주어 모든 세상의 일을 편하게 하듯이 원컨대 제가 널리 일체 중생에게 생사의 캄캄한 밤과 무명의 어두운 데를 지혜의 광명으로 두루 비추게 하여지이다.'라고 합니다."

햇빛도 없고 달빛도 없고 등불도 없는데 길을 가거나 어떤 일을 하게 되면 얼마나 불편한가. 캄캄한 밤길에서 부닥치고 떨어지는 일은 또 얼마나 많은가. 그와 같이 인생의 길을 가고 어떤 일을 할 때 지혜가 없고 어리석어서 어찌할 바를 모른다면 어떻게 되겠는가. 그래서 선지식은 '캄캄한 밤을 밝혀 주어 모든 세상의 일을 편하게 하듯이 원컨대 제가 널리 일체 중생에게 생사의 캄캄한 밤과 무명의 어두운 데를 지혜의 광명으로 두루 비추게 하여지이다.'라고 원하는 것이다.

是諸衆生이 無有智眼하야 想心見倒之所覆翳로 無常에 常想하며 無樂에 樂想하며 無我에 我想하며 不淨에 淨想하야 堅固執着我人衆生과 蘊界處法하야 迷惑因果하고 不識善惡하야 殺害衆生하며

 "모든 중생들이 지혜의 눈이 없고 허망한 생각과 뒤바뀐 소견에 덮이어서 무상한 것을 항상하다 생각하고, 즐거움이 없는 것을 즐겁다 생각하고, '나'가 없는 것을 '나'라고 생각하고, 부정한 것을 깨끗하다 생각하고, 나다 남이다 중생이다 하며 오온과 십팔계와 십이처라 하는 법에 굳게 집착하며, 원인과 과보를 모르고, 착하고 악한 것을 알지 못하여 중생을 살해합니다."

 지혜가 없어서 잘못된 소견과 미혹으로 악업을 짓는 중생들을 제도하는 일을 밝혔다. 보통의 세상 사람들이 거의가 다 하는 일이다. 잘못된 소견으로 먼저 상락아정常樂我淨을 들었고, 다음으로 나와 남과 중생과 오온과 십팔계와 십

이처에 굳게 집착하는 일을 들었고, 그리고 인과의 법칙을 모르는 점을 들었다. 인과의 법칙을 모르므로 중생을 살해한다. 불교가 세상 사람들에게 가르쳐야 할 일은 인과의 법칙을 알게 하는 것이다. 모든 세상 사람들이 인과의 법칙만 잘 이해하여 따라도 세상이 이처럼 사기협잡과 부정부패로 들끓지는 않을 것이다.

乃至邪見으로 不孝父母하고 不敬沙門과 及婆羅門하며 不知惡人하고 不識善人하며 貪着惡事하고 安住邪法하며 毁謗如來하고 壞正法輪하며 於諸菩薩에 呰辱傷害하고 輕大乘道하야 斷菩提心하며

"내지 잘못된 소견을 가지며, 부모에게 불효하고, 사문과 바라문을 공경하지 않으며, 악한 사람과 선한 사람을 알지 못하고, 나쁜 짓을 탐하고 삿된 법에 머물며,

여래를 훼방하고 바른 법륜을 파괴하며, 모든 보살들을 훼방하고 해롭게 하며, 대승大乘을 업신여기고 보리심을 끊습니다."

인과의 법칙을 모르는 것은 잘못된 소견이며 삿된 견해이다. 그래서 부모에게 불효하고, 사문과 바라문을 공경하지 않으며, 악한 사람과 선한 사람을 알지 못하고, 나쁜 짓을 탐하고, 삿된 법에 머물며, 여래를 훼방하고, 바른 법륜을 파괴하며, 모든 보살들을 훼방하고 해롭게 하며, 대승을 업신여기고 보리심을 끊고 살아간다.

於有恩人에 **反加殺害**하고 **於無恩處**에 **常懷寃結**하며 **毀謗賢聖**하고 **親近惡伴**하며 **盜塔寺物**하고 **作五逆罪**하야 **不久當墮三惡道處**어든

"은혜를 입은 사람에게 도리어 살해를 가하고 은혜

가 없는 곳에는 항상 원수로 생각하며, 성현을 비방하고 나쁜 사람을 친근하며, 절이나 탑의 물건을 훔치고, 다섯 가지 역적죄를 지으며, 오래지 않아서 세 가지 나쁜 길에 떨어질 것입니다."

인과의 법칙이란 흔히 말하는 선인선과善因善果며 악인악과惡因惡果이다. 또한 "뿌린 대로 거두리라."는 가르침이며 "콩 심은 데 콩 나고 팥 심은 데 팥 난다."는 원리이다.

다섯 가지 역적죄인 오역죄五逆罪란 5역逆・5무간업無間業이라고도 하는데 불교에 대한 5종의 역적중죄이다. 소승의 5역은 ① 살부殺父 ② 살모殺母 ③ 살아라한殺阿羅漢 ④ 파화합승破和合僧 ⑤ 출불신혈出佛身血이다. 혹은 ①과 ②를 합하여 ①로 하고, 다시 제5에 파갈마승破羯磨僧을 더하여 다섯으로 하기도 한다. 대승의 5역은 ① 탑塔・사寺를 파괴하고, 경상經像을 불사르고, 삼보의 재물을 훔치고 ② 삼승법三乘法을 비방하고, 성교聖敎를 가벼이 여기고 ③ 스님들을 욕하고 부리고 ④ 소승의 오역죄를 범하고 ⑤ 인과의 도리를 믿지 않고, 악구惡口・사음邪淫 등의 10불선업不善業을 짓는 것이다.

願我速以大智光明_{으로} 破彼衆生_의 無明黑暗
_{하야} 令其疾發阿耨多羅三藐三菩提心_{하고}

"그들에게 '원컨대 제가 지혜의 광명으로 저 중생들의 캄캄한 무명을 깨뜨리고, 그들로 하여금 빨리 아뇩다라삼먁삼보리심을 내게 하여지이다.' 라고 합니다."

既發心已_에 示普賢乘_{하야} 開十力道_{하며} 亦示如來法王境界_{하며} 亦示諸佛一切智城_과 諸佛所行_과 諸佛自在_와 諸佛成就_와 諸佛總持_와 一切諸佛共同一身_과 一切諸佛平等之處_{하야} 令其安住_{케호라}

"이미 발심한 뒤에는 보현의 법을 보여 주고, 열 가지 힘을 일러 주며, 또한 여래 법왕의 경계를 보이고,

모든 부처님의 일체 지혜의 성城을 보이며, 모든 부처님의 수행과 모든 부처님의 자재와 모든 부처님의 성취와 모든 부처님의 다라니와 일체 모든 부처님의 한결같은 몸과 일체 모든 부처님의 평등한 곳을 보여서 그들로 하여금 편안히 머물게 합니다."

보리심을 발하고 나서는 보살행을 실천하게 한다. 보살행 중에는 보현보살의 열 가지 행을 가장 중요하게 여긴다. 보현보살의 십대행원이란 모든 부처님께 예경하는 것이며, 모든 여래를 찬탄하는 것이며, 널리 공양을 수행하는 것이며, 모든 업장業障을 참회하는 것이며, 남의 공덕을 따라 기뻐하는 것이며, 법륜 굴리기를 청하는 것이며, 부처님이 세상에 오래 머무시기를 청하는 것이며, 항상 부처님을 따라 배우는 것이며, 항상 중생들을 수순하는 것이며, 널리 다 회향하는 것이다.

또 열 가지 힘, 즉 십력十力이란 범어로는 Daśa-balaḥ이다. 부처님께만 있는 열 가지 심력心力으로서 ① 중생의 옳은 곳과 그른 곳을 아는 지혜의 힘[처비처지력處非處智力] ② 과거 미래 현재에 업으로 받는 과보를 아는 지혜의 힘[업이숙지력業異熟智力]

③ 모든 선정과 해탈과 삼매와 때 묻고 깨끗함이 일어나는 때와 때 아님을 아는 지혜의 힘[정려해탈등지등지지력靜慮解脫等持等至智力] ④ 모든 근성이 영리하고 둔함을 아는 지혜의 힘[근상하지력根上下智力] ⑤ 가지가지 이해를 아는 지혜의 힘[종종승해지력種種勝解智力] ⑥ 갖가지 경계를 아는 지혜의 힘[종종계지력種種界智力] ⑦ 온갖 곳에 이르러 갈 길을 아는 지혜의 힘[변취행지력遍趣行智力] ⑧ 일체 세계에서 지난 세상에 머물던 일을 기억함에 따라 아는 지혜의 힘[숙주수념지력宿住隨念智力] ⑨ 죽은 뒤에 어디에 태어나는가를 아는 지혜의 힘[사생지력死生智力] ⑩ 누진통의 지혜의 힘[누진지력漏盡智力]이다.

善男子야 一切衆生이 或病所纏이어나 或老所侵이어나 或苦貧窮이어나 或遭禍難이어나 或犯王法하야 臨當被刑에 無所依怙하야 生大怖畏어든 我皆救濟

사 득 안 은
하야 使得安隱하고

"선남자여, 일체 중생이 혹 병에 붙들리기도 하고, 혹 늙음에 시달리기도 하고, 혹 빈궁에 쪼들리기도 하고, 혹 화난禍難을 만나기도 하고, 혹 국법을 범하고 형벌을 받게 될 적에 믿을 데가 없어 매우 두려워하는 이들을 제가 다 구제하여 편안하게 합니다."

부 작 시 념   원 아 이 법   보 섭 중 생   영 기
復作是念호대 願我以法으로 普攝衆生하야 令其

해 탈 일 체 번 뇌   생 로 병 사   우 비 고 환   근 선
解脫一切煩惱와 生老病死와 憂悲苦患하며 近善

지 식   상 행 법 시   근 행 선 업   속 득 여 래 청
知識하야 常行法施하고 勤行善業하야 速得如來淸

정 법 신   주 어 구 경 무 변 역 처
淨法身하야 住於究竟無變易處라호라

"다시 생각하기를 '제가 법으로써 중생들을 널리 포섭하여 그들로 하여금 모든 번뇌와 나고 늙고 병들고 죽는 일과 근심 걱정의 고통에서 해탈케 하며, 선지식을

가까이 뵙고 법보시를 항상 행하고 착한 업을 부지런히 지으며, 여래의 청정한 법의 몸을 빨리 얻어 필경까지 변천하지 않는 자리에 머물러지이다.'라고 합니다."

    중생들이 온갖 고통에 허덕이는 것을 다 구제하는 것을 밝혔다. 중생들의 고통으로 흔히 사고四苦와 팔고八苦를 든다. 중생 세계에 있는 고통으로 생·노·병·사의 4고苦에, 사랑하는 것과 이별하는 고통[愛別離苦]·원수와 만나는 고통[怨憎會苦]·구해도 얻지 못하는 고통[求不得苦]·오음五陰이 너무 치성한 고통[五陰盛苦]을 더하여 8고苦라고 한다.

    선남자   일체중생   입견조림   주어사도
善男子아 **一切衆生**이 **入見稠林**하야 **住於邪道**

    어제경계   기사분별   상행불선신어의업
하며 **於諸境界**에 **起邪分別**하며 **常行不善身語意業**

    망작종종제사고행   어비정각   생정각상
하며 **妄作種種諸邪苦行**하며 **於非正覺**에 **生正覺想**

하며 於正覺所에 非正覺想하야 爲惡知識之所攝
受하야 以起惡見하야 將墮惡道어든 我以種種諸方
便門으로 而爲救護하야 令住正見하야 生人天中하고

"선남자여, 일체 중생이 소견의 숲에 들어가 삿된 길에 머물며, 여러 경계에서 삿된 분별을 내며, 착하지 않은 몸의 업과 말의 업과 뜻의 업을 항상 행하고, 가지가지 모든 삿된 고행을 부질없이 지으며, 바른 깨달음이 아닌 데서 바른 깨달음이라 생각하고, 바른 깨달음을 바른 깨달음이 아니라 생각하며, 나쁜 친구에게 붙들리어 나쁜 소견을 내고 나쁜 길에 떨어지게 되는 것을 제가 여러 가지 모든 방편으로 구호하여 바른 소견에 들어서 인간이나 천상에 나게 합니다."

삿된 견해에 떨어져서 잘못을 저지르는 중생들을 구제하는 일을 밝혔다. 속담에 "살림에는 눈이 보배다."라는 말이 있다. 특별히 수행을 하거나 사람으로서 잘 살아 보려고 할 때 무엇보다 우선하는 것이 바르고 참된 견해를 갖는 것이다. 견해가 옳지 못하면 온갖 경계에서 삿된 분별을 내며, 선하지 못한 몸의 업과 말의 업과 뜻의 업을 항상 행하게 된다.

특히 수행을 하노라고 하면서 모든 삿된 고행을 부질없이 짓는다면 그것은 참으로 큰 문제이다. 석가모니도 출가하여 처음에 삿된 고행을 하다가 고행이 부질없는 일이라는 것을 깨닫고는 목욕도 하고 음식도 드시었다. 그러고는 바른 선정에 들어 7일 만에 정각을 이루지 않았던가. 아직도 얼마나 많은 사람들이 견해가 옳지 못하여 헛고생을 하는가. 바산바연저주야신 선지식은 이와 같은 이들에게 특별한 연민심을 일으켜 여러 가지 방편으로 구호하여 바른 소견에 들게 한다.

부작시념 여아구차장추악도제중생등
復作是念호대 **如我救此將墜惡道諸衆生等**하야

원아보구일체중생 실령해탈일체제고
願我普救一切衆生하야 **悉令解脫一切諸苦**하며

주 바 라 밀 출 세 성 도　　어 일 체 지　　득 불 퇴 전
住波羅蜜出世聖道하야 **於一切智**에 **得不退轉**하며

구 보 현 원　　근 일 체 지　　이 불 사 리 제 보 살 행
具普賢願하야 **近一切智**호대 **而不捨離諸菩薩行**하고

상 근 교 화 일 체 중 생
常勤敎化一切衆生이라호라

"그러고는 다시 생각하기를 '제가 이 나쁜 길에 떨어질 모든 중생을 구원하는 것처럼 원컨대 제가 일체 중생을 널리 구원하여 일체 모든 괴로움에서 해탈하고, 바라밀다인 세상에서 벗어나는 성인聖人의 도道에 머물러서 일체 지혜에서 물러나지 않게 하며, 보현의 행원을 갖추어 일체 지혜에 가까워지며, 모든 보살의 행을 버리지 않고 항상 부지런히 일체 중생을 교화하게 하여지이다.' 라고 합니다."

　모든 불교의 결론이며 화엄경의 결론인 보현행원품이 차츰 가까워지므로 보현행원이라는 말이 자주 등장한다. 그래서 바산바연저주야신 선지식은 '일체 중생이 일체 지혜에서 물러나지 않게 하며, 보현의 행원을 갖추어 일체 지

혜에 가까워지며, 모든 보살의 행을 버리지 않고 항상 부지런히 일체 중생을 교화하게 하여지이다.'라고 서원하는 것이다.

(2) 해탈의 뜻을 게송으로 거듭 펴다

爾時_에 婆珊婆演底主夜神_이 欲重宣此解脫義
하사 承佛神力_{하야} 觀察十方_{하고} 爲善財童子_{하야} 而
說頌曰

그때에 바산바연저주야신이 이 해탈의 뜻을 거듭 펴려고 부처님의 신통한 힘을 받들고 시방을 관찰하며 선재동자에게 게송을 설하였습니다.

1〉 법문의 본체

我此解脫門_이　　　生淨法光明_{하야}

能破愚癡暗하나니　　待時而演說이로라

제가 얻은 이 해탈문이
청정한 법의 광명을 내어
어리석음의 어두움을 능히 깨뜨리고
때를 기다려 연설합니다.

바산바연저주야신 선지식이 얻은 법을 거듭 밝히려고 게송으로 설하였는데 먼저 법의 총체적인 본체를 설하였다.

2〉원인을 들어서 수행하기를 권하다

我昔無邊劫에　　勤行廣大慈하야
普覆諸世間호니　　佛子應修學이어다

제가 옛날 그지없는 세월에
넓고 큰 인자함을 부지런히 행하여
여러 세간 두루 덮었으니

불자들은 응당 닦아 배울지어다.

다음은 선지식이 법을 얻게 된 원인을 이야기하였는데 넓고 큰 인자함을 부지런히 행하여 여러 세간을 두루 덮었다고 하였다. 자慈·비悲·희喜·사捨의 사무량심 중에서 먼저 인자함을 응당 배우라고 하였다.

적정대비해
寂靜大悲海가

출생삼세불
出生三世佛하야

능멸중생고
能滅衆生苦니

여응입차문
汝應入此門이어다

고요하고 크게 가엾이 여기는 바다가
세 세상 부처님을 출생하여
중생들의 고통을 능히 소멸하나니
그대들은 응당 이 문에 들어갈지어다.

다음은 가엾이 여기는 마음인 비悲이다. 중생을 가엾이 여기는 마음은 부처님을 출생하여 중생들의 고통을 능히 소멸한다고 하였다.

능 생 세 간 락　　　　역 생 출 세 락
能生世間樂하며　　**亦生出世樂**하야

영 아 심 환 희　　　　여 응 입 차 문
令我心歡喜니　　　**汝應入此門**이어다

능히 세간의 즐거움을 내고
또한 출세간의 즐거움도 내어
저의 마음 환희하게 하나니
그대들은 응당 이 문에 들어갈지어다.

보살은 세간의 즐거움도 만들고 출세간의 즐거움도 만든다. 그래서 모든 중생들을 기쁘게[喜] 한다.

기 사 유 위 환　　　　역 원 성 문 과
旣捨有爲患하고　　**亦遠聲聞果**하야

정 수 제 불 력　　　　여 응 입 차 문
淨修諸佛力이니　　**汝應入此門**이어다

유위법有爲法의 근심 이미 버리고
또한 성문의 과果도 멀리 하며
모든 부처님의 힘 청정하게 닦나니
그대들은 응당 이 문에 들어갈지어다.

자·비·희·사 중에 마지막 사捨이다. 일체 유위법은 마치 꿈과 같고, 환영과 같고, 물거품과 같고, 그림자와 같고, 이슬과 같고, 번갯불과 같아서 근심 걱정의 근본이 된다. 그러므로 반드시 버려야 한다. 또한 성문법이나 독각법도 자기만을 위하는 비불교적인 법이므로 역시 버려야 한다. 그러고는 중생들을 위하는 부처님의 힘을 청정하게 잘 닦아야 한다고 하였다. 이것이 사무량심의 바른 뜻이다. 바산바연저주야신 선지식이 법을 얻은 것은 오로지 이 사무량심을 부지런히 수행한 결과이다.

3〉 결과를 들어서 들어가기를 권하다

아 목 심 청 정 　　　　　　보 견 시 방 찰
我目甚淸淨하야　　　　　**普見十方刹**하고

역 견 기 중 불
亦見其中佛이

보 리 수 하 좌
菩提樹下坐하사

저의 눈 매우 청정해서
시방세계를 널리 보고
또한 그 세계의 부처님이
보리수나무 아래에 앉으심도 보도다.

바산바연저주야신 선지식이 사무량심을 부지런히 수행하여 그 결과로 육근六根이 청정하게 되었음을 하나하나 밝힌다.

상 호 장 엄 신
相好莊嚴身으로

무 량 중 위 요
無量衆圍繞하야

일 일 모 공 내
一一毛孔內에

종 종 광 명 출
種種光明出하며

잘생긴 몸매로 몸을 장엄하고
한량없는 대중이 둘러 있는데
낱낱 모공에서

가지각색 광명을 뿜어내도다.

견 제 군 생 류
見諸群生類가

사 차 이 생 피
死此而生彼하야

윤 회 오 취 중
輪廻五趣中하야

상 수 무 량 고
常受無量苦하노라

또 보니 모든 중생들의 종류가
여기서 죽어 저기서 나고
다섯 가지 길로 윤회하면서
한량없는 고통을 항상 받도다.

사무량심을 부지런히 닦아서 안근眼根이 청정하여졌음을 밝혔는데 온갖 중생이 어디에서 죽어서 어디에 태어나는 것과 지옥, 아귀, 축생, 인도, 천도, 아수라 등 온갖 갈래의 중생들이 한량없는 고통을 받는 일을 다 본다.

아 이 심 청 정
我耳甚淸淨하야

청 지 무 불 급
聽之無不及이라

일체어언해	실문능억지
一切語言海를	**悉聞能憶持**하며

저의 귀 매우 청정해
듣지 못하는 것이 없어
일체 언어의 바다를
다 듣고 능히 기억하며

제불전법륜	기성묘무비
諸佛轉法輪에	**其聲妙無比**어든
소유제문자	실개능억지
所有諸文字를	**悉皆能憶持**하노라

모든 부처님이 법륜을 굴리는
그 음성 미묘하여 비길 데 없어
여러 가지 말과 글자를
모두 다 능히 기억하도다.

사무량심을 부지런히 닦아서 이근耳根이 청정하여졌음을 밝혔는데 일체 언어를 다 듣고 다 기억한다. 또 모든 부처님의 법문과 팔만사천 장경의 문자들까지 낱낱이 다 기억한다. 얼마나 편리하고 좋겠는가.

  아 비 심 청 정　　　　　　어 법 무 소 애
  我鼻甚淸淨하야　　　　　**於法無所礙**하야

  일 체 개 자 재　　　　　　여 응 입 차 문
  一切皆自在하니　　　　　**汝應入此門**이어다

저의 코 매우 청정해

모든 법에 장애가 없고

일체에 다 자유자재하니

그대들은 응당 이 문에 들어갈지어다.

  아 설 심 광 대　　　　　　정 호 능 언 설
  我舌甚廣大하야　　　　　**淨好能言說**하며

  수 응 연 묘 법　　　　　　여 응 입 차 문
  隨應演妙法하니　　　　　**汝應入此門**이어다

저의 혀 매우 넓고 크며

청정하여 말을 잘하여

알맞게 묘한 법 연설하니
그대들은 응당 이 문에 들어갈지어다.

사무량심을 부지런히 잘 닦으면 그 혀가 청정하여져서 말을 잘하게 된다. 불법의 심오한 이치들을 수준과 근기에 맞게 적절히 잘 설하게 되었음을 밝혔다.

아 신 심 청 정
我身甚淸淨하야

삼 세 등 여 여
三世等如如로대

수 제 중 생 심
隨諸衆生心하야

일 체 실 개 현
一切悉皆現하노라

저의 몸 매우 청정해서
세 세상에 모두 진여와 평등하나
모든 중생들의 마음을 따라
온갖 것을 모두 다 나타내도다.

사무량심을 잘 수행하여 얻은 몸은 매우 청정하여 과거 현재 미래에도 언제나 여여하여 진여와 같다. 몸이 곧 진여의 몸이 된다. 그러면서 모든 중생들의 마음을 따라 모든 모습을 다 나타낸다.

    아심정무애 **我心淨無礙**가   여공함만상 **如空含萬象**하야
    보념제여래 **普念諸如來**호대   이역불분별 **而亦不分別**하며

저의 마음 걸림 없이 청정해서
허공에 삼라만상 있는 듯하니
모든 여래를 널리 생각하여도
그러나 또한 분별하지 않도다.

    요지무량찰 **了知無量刹**과   일체제심해 **一切諸心海**와
    제근급욕락 **諸根及欲樂**호대   이역불분별 **而亦不分別**하노라

한량없는 세계의
일체 모든 마음과

근성과 욕락을 모두 알지만
그러나 또한 분별하지 않도다.

사무량심을 부지런히 닦아서 의근이 청정하여진 것을 밝혔다. 그 마음이 청정하여 걸림이 없는 것이 마치 허공과 같다. 허공은 포용하지 않는 것이 없듯이 보살의 마음도 포용하지 못하는 경계가 없다. 모든 여래를 널리 생각하나 일체 중생을 생각하나 또한 분별하지 않는다. 사무량심을 잘 닦은 결과로서 육근의 작용이 이와 같음을 밝혔다.

4) 업의 작용이 광대함을 밝히다

아 이 대 신 통
我以大神通으로

진 동 무 량 찰
震動無量刹하고

기 신 실 변 왕
其身悉徧往하야

조 피 난 조 중
調彼難調衆하노라

저의 큰 신통의 힘으로
한량없는 세계 진동하며
그 몸은 가지 못하는 데 없어서

억센 중생들을 다 조복하도다.

아 복 심 광 대
我福甚廣大가

여 공 무 유 진
如空無有盡하니

공 양 제 여 래
供養諸如來하며

요 익 일 체 중
饒益一切衆하노라

저의 복 매우 광대하여
허공이 다하지 않는 듯하니
모든 여래께 공양하고
일체 중생을 이익하게 하도다.

아 지 광 청 정
我智廣淸淨하야

요 지 제 법 해
了知諸法海하며

제 멸 중 생 혹
除滅衆生惑이니

여 응 입 차 문
汝應入此門이어다

저의 지혜 넓고 청정해서
모든 법의 바다 분명히 알고
중생의 의혹 없애나니

그대들은 응당 이 문에 들어갈지어다.

아지삼세불
我知三世佛과 급이일체법
及以一切法하며

역료피방편
亦了彼方便하니 차문변무등
此門徧無等이니라

저는 삼세의 부처님들과
일체 법을 모두 알고
또한 그 방편까지 아나니
이 문이 넓어 비길 데 없도다.

일일진중견
一一塵中見 삼세일체찰
三世一切刹하며

역견피제불
亦見彼諸佛하니 차시보문력
此是普門力이니라

낱낱 먼지 속마다
삼세의 일체 세계를 보며
또한 그 세계의 모든 부처님을 보니

이것은 넓은 문의 힘이로다.

시방찰진내
十方刹塵內에

실견노사나
悉見盧舍那가

보리수하좌
菩提樹下坐하사

성도연묘법
成道演妙法하노라

시방세계의 먼지 속마다
노사나 부처님이
보리수나무 아래에서 성도成道하시고
미묘한 법 연설함을 보도다.

바산바연저주야신 선지식이 다시 사무량심을 잘 닦아서 업의 작용이 광대함을 밝힌 내용이다. 신통과 복덕과 지혜가 모두 광대하여 미치지 않는 데가 없고 모르는 것이 없고 보지 못하는 것이 없다. 궁극에는 시방세계의 먼지 속마다 노사나 부처님이 보리수나무 아래에서 성도成道하시고 미묘한 법을 연설하는 것까지 다 본다. 사무량심의 위신력이 이와 같다.

(3) 보리심을 발하던 옛일을 밝히다

爾時_에 善財童子_가 白夜神言_{호대} 汝發阿耨多
羅三藐三菩提心_이 爲幾時耶_며 得此解脫_이 其已
久如_{완대} 乃能如是饒益衆生_{이니잇고}

그때에 선재동자가 주야신에게 말하였습니다. "선지식께서 아뇩다라삼먁삼보리심을 발한 지는 얼마나 오래되며, 이 해탈을 언제 얻었기에 이에 능히 이와 같이 중생을 이익되게 합니까?"

其神_이 答言_{하사대} 善男子_야 乃往古世_에 過如須
彌山微塵數劫_{하야} 有劫_{하니} 名寂靜光_{이요} 世界_는
名出生妙寶_니 有五億佛_이 於中出現_{이어시든}

그 주야신이 대답하였습니다. "선남자여, 지나간 옛

적, 수미산 미진수 겁을 지나서 적정광寂靜光이라는 겁이 있었고, 출생묘보出生妙寶라는 세계가 있었는데, 오억 부처님이 그 세계에서 출현하셨습니다."

彼世界中에 有四天下하니 名寶月燈光이요 有城하니 名蓮華光이요 王名은 善法度니 以法施化하야 成就七寶하야 王四天下할새

"그 세계에 한 사천하가 있으니 이름이 보월등광寶月燈光이며, 성의 이름은 연화광蓮華光이며, 그 성에 있는 왕의 이름은 선법도善法度입니다. 법으로써 교화를 베풀어 일곱 보배를 성취하였고 사천하의 왕이 되었습니다."

王有夫人하니 名法慧月이라 夜久眠寐러니 時彼

城東_에 有一大林_{하니} 名爲寂住_요 林中_에 有一大菩提樹_{하니} 名一切光摩尼王莊嚴_{이니} 身出生一切佛神力光明_{이러라}

"왕의 부인은 이름이 법혜월法慧月인데 밤이 깊어서야 잠이 들었습니다. 그때에 성의 동쪽에 적주寂住라는 큰 숲이 있고, 그 숲에 한 그루의 큰 보리수가 있으니 이름이 일체광마니왕장엄一切光摩尼王莊嚴입니다. 그 나무에서 모든 부처님의 신통한 힘의 광명이 솟아 나왔습니다."

爾時_에 有佛_{하니} 名一切法雷音王_{이라} 於此樹下_에 成等正覺_{하사} 放無量色廣大光明_{하사} 徧照出生妙寶世界_{어시늘} 蓮華城內_에 有主夜神_{하니} 名爲

정 월
淨月이라

"그때에 부처님이 있으니 이름이 일체법뢰음왕一切法雷音王인데 그 보리수 아래서 등정각을 이루시고 한량없는 색깔의 광대한 광명을 놓아서 출생묘보세계를 두루 비추었습니다. 연화성 안에 주야신이 있으니 이름이 정월淨月이었습니다."

예 왕부인법혜월소 　동신영락 　이교부
詣王夫人法慧月所하야 動身瓔珞하야 以覺夫

인 　이고지언 　부인 　당지 　일체법뢰음
人하고 而告之言호대 夫人아 當知하라 一切法雷音

왕여래 　어적주림 　성무상각 　급광위설제
王如來가 於寂住林에 成無上覺하시며 及廣爲說諸

불공덕자재신력 　보현보살소유행원 　영왕
佛功德自在神力과 普賢菩薩所有行願하사 令王

부인 　발아뇩다라삼먁삼보리의 　공양
夫人으로 發阿耨多羅三藐三菩提意케하시니 供養

피불　　급제보살성문승중
彼佛과 及諸菩薩聲聞僧衆이어다하니라

"왕의 부인인 법혜월에게 나아가 몸에 있는 영락을 흔들어 부인을 깨우고 말하기를, '부인이여, 일체법뢰음왕여래가 적주림에서 위없는 깨달음을 이루시고, 모든 부처님의 공덕과 자유자재한 신통의 힘과 보현보살의 행과 원을 널리 말씀하십니다.'라고 하여 왕의 부인으로 하여금 아뇩다라삼먁삼보리심을 내게 하여 저 부처님과 모든 보살과 성문과 스님 대중에게 공양하게 하였습니다."

　　　선남자　시　　왕부인법혜월자　　기이인호
善男子야 時에 王夫人法慧月者가 豈異人乎아

아신　시야　 아어피불소　 발보리심　　종선
我身이 是也니 我於彼佛所에 發菩提心하야 種善

근고　 어수미산미진수겁　 불생지옥아귀축
根故로 於須彌山微塵數劫에 不生地獄餓鬼畜

생제악취중　　역불생어하천지가　　제근구
生諸惡趣中하며 亦不生於下賤之家하며 諸根具

족   무유중고   어천인중   복덕수승
足하야 無有衆苦하며 於天人中에 福德殊勝하야

"선남자여, 그때 왕의 부인 법혜월은 다른 사람이 아니라 이 몸이었습니다. 제가 그 부처님에게서 보리심을 발하고 선근을 심었으므로 수미산의 미진수 겁 동안에 지옥 아귀 축생들의 모든 나쁜 길에 태어나지 아니하고, 또한 미천한 집에도 태어나지 아니하였으며, 모든 감관이 구족하고 온갖 고통이 없어 천상과 인간에서 복덕이 수승하였습니다."

　　　불생악세   항불이불   급제보살대선지식
不生惡世하며 恒不離佛과 及諸菩薩大善知識

　　상어기소   종식선근   경팔십수미산미
하고 常於其所에 種植善根하야 經八十須彌山微

진수겁   상수안락   이미만족보살제근
塵數劫토록 常受安樂호대 而未滿足菩薩諸根호라

"나쁜 세상에 태어나지도 않으며 언제나 부처님과 모든 보살들과 큰 선지식을 떠나지 않고 항상 그들이 계신 데서 선근을 심었으며, 80수미산의 미진수 겁을 지내면서 항상 안락을 받았지마는 그러나 아직은 보살의 근성을 만족하지 못하였습니다."

바산바연저주야신 선지식이 사무량심을 잘 수행하여 크나큰 공덕 이룬 것을 게송으로 밝히니 선재동자가 주야신 선지식에게 보리심을 발한 지 얼마나 오래되며, 그 해탈을 언제 얻었기에 이와 같이 중생을 이익되게 하는가를 물었다. 이에 대하여 주야신이 그 내력을 소상히 설명하였다.

(4) 어둠을 깨뜨리는 광명 해탈 얻음을 밝히다

過_과此_차劫_겁已_이하고 復_부過_과萬_만劫_겁하야 於_어賢_현劫_겁前_전에 有_유劫_겁하니

名_명無_무憂_우徧_변照_조요 世_세界_계는 名_명離_이垢_구妙_묘光_광이니 其_기世_세界_계中_중에

淨_정穢_예相_상雜_잡이요 有_유五_오百_백佛_불이 於_어中_중出_출現_현하시니

"이러한 겁을 지내고 또 일만 겁을 지낸 뒤에 이 현겁賢劫 전에 무우변조無憂徧照라는 겁이 있었고, 그 세계는

이름이 이구묘광離垢妙光이었습니다. 그 세계에는 깨끗함과 더러움이 서로 섞이었으며, 오백 부처님이 그 가운데 출현하셨습니다."

其第一佛이 名須彌幢寂靜妙眼如來應正等
기제일불   명수미당적정묘안여래응정등

覺이요 我爲名稱長者女하니 名妙慧光明이라 端正
각   아위명칭장자녀   명묘혜광명   단정

殊妙러니 彼淨月夜神이 以願力故로 於離垢世界
수묘   피정월야신   이원력고   어이구세계

一四天下妙幢王城中生하야 作主夜神하니 名淸
일사천하묘당왕성중생   작주야신   명청

淨眼이라
정안

"그 첫째 부처님은 이름이 '수미당적정묘안須彌幢寂靜妙眼 여래 응공 정등각'이었습니다. 저는 명칭名稱장자의 딸이 되었으니 이름이 묘혜광명妙慧光明인데 단정하고 아름다웠습니다. 저 정월야신淨月夜神이 서원의 힘으로 이구세계의 한 사천하에서 묘당왕성妙幢王城에 태어나서 주

야신이 되었으니 이름이 청정안淸淨眼이었습니다."

　정월야신은 앞의 일체법뢰음왕一切法雷音王 부처님 당시에 있던 주야신이다. 왕의 부인이며 바산바연저주야신 선지식의 전신인 법혜월을 잠에서 깨워 부처님에게로 안내한 주야신이다. 그가 다시 청정안주야신으로 태어나서 명칭名稱장자의 딸이 된 바산바연저주야신을 묘안여래妙眼如來 앞으로 인도하였다.

아 어 일 시　　재 부 모 변　　야 구 면 식　　피 청
我於一時에 **在父母邊**하야 **夜久眠息**이러니 **彼淸**

정 안　　내 예 아 소　　진 동 아 택　　방 대 광 명
淨眼이 **來詣我所**하야 **震動我宅**하며 **放大光明**하고

출 현 기 신　　찬 불 공 덕 언　　묘 안 여 래　　좌 보
出現其身하야 **讚佛功德言**호대 **妙眼如來**가 **坐菩**

리 좌　　시 성 정 각　　　권 유 어 아　　급 이 부 모
提座하사 **始成正覺**이라하고 **勸喩於我**와 **及以父母**와

<small>병제권속</small> <small>영속견불</small> <small>자위전도</small> <small>인지</small>
幷諸眷屬하야 **令速見佛**이어늘 **自爲前導**하야 **引至**
<small>불소</small> <small>광흥공양</small>
佛所하야 **廣興供養**하나라

 "저는 어느 한때 부모의 곁에서 밤이 깊어 잠을 자는데 그 청정안주야신이 저에게 와서 저의 집을 흔들며 큰 광명을 놓고 그 몸을 나타내어 부처님의 공덕을 찬탄하였습니다. '묘안여래가 보리좌에 앉아서 바른 깨달음을 이루셨습니다.' 하고는 저와 부모와 모든 권속들에게 권하여 빨리 가서 부처님을 친견하라 하면서 스스로 길을 인도하고 부처님 계신 데 가서 공양을 성대하게 하였습니다."

 훌륭한 선지식이 될 주야신들은 이와 같이 수많은 생을 거듭하면서 환생하고 또 환생한다. 그 모든 환생이 일일이 확인이 되고 보살행을 닦은 일도 빠짐없이 기록된다. 오늘날의 티베트 달라이라마 스님은 열네 번이나 환생하였으며 그 환생이 모두 확인이 되었다. 21세기에도 티베트나 네팔이나 부탄 등지에는 수백 명의 환생이 확인이 된 분들이 있다고 한다.

<small>아재견불   즉득삼매   명출생견불조복</small>
我纔見佛하고 **卽得三昧**하니 **名出生見佛調伏**

<small>중생삼세지광명륜   획차삼매고   능억념수</small>
衆生三世智光明輪이라 **獲此三昧故**로 **能憶念須**

<small>미산미진수겁</small>
彌山微塵數劫하며

"저는 막 부처님을 친견하고 곧 삼매를 얻었으니 이름이 '부처님을 친견하고 중생들을 조복하는 세 세상 지혜의 광명을 출생하는 바퀴[出生見佛調伏衆生三世智光明輪]'입니다. 이 삼매를 얻고는 수미산 미진수의 겁을 능히 기억하였습니다."

바산바연저주야신 선지식이 여러 번의 환생을 거듭하고는 부처님을 친견하고 삼매를 얻었다. 이 삼매를 얻으므로 수미산 미진수의 겁을 능히 다 기억하게 되었음을 아래에 낱낱이 설명한다.

亦見其中諸佛出現하야 於彼佛所에 聽聞妙法하고 以聞法故로 卽得此破一切衆生暗法光明解脫호니 得此解脫已에 卽見其身이 徧往佛刹微塵數世界하며

"또 그동안에 여러 부처님들이 출현하심을 보았고, 그 부처님이 묘한 법을 말씀하심을 들었으며, 법을 들은 연고로 곧 일체 중생의 어둠을 깨뜨리는 법 광명 해탈을 얻었습니다. 이 해탈을 얻고는 곧 저의 몸이 부처님 세계의 미진수 세계에 두루 이르러 감을 보았습니다."

亦見彼世界所有諸佛하며 又見自身이 在其佛所하며

"또 저 세계에 있는 부처님들을 보고, 또 자신의 몸

이 그 부처님 계신 데 있음을 보았습니다."

역견피세계일체중생 해기언음 식기
亦見彼世界一切衆生하야 **解其言音**하며 **識其**
근성 지기왕석 증위선우지소섭수 수기
根性하며 **知其往昔**에 **曾爲善友之所攝受**하야 **隨其**
소락 이위현신 영생환희
所樂하야 **而爲現身**하야 **令生歡喜**하니라

"또 그 세계의 일체 중생을 보고, 그 말을 알고, 그 근성을 알고, 그들의 지난 옛적에 일찍이 선지식이 거두어 주었음을 알았으며, 그들이 좋아하는 대로 몸을 나타내어서 그들을 기쁘게 하였습니다."

아시어피 소득해탈 염념증장 차심무
我時於彼에 **所得解脫**이 **念念增長**하야 **此心無**
간 우견자신 변왕백불찰미진수세계 차
間하며 **又見自身**이 **徧往百佛刹微塵數世界**하야 **此**

心無間하며 又見自身이 徧往千佛刹微塵數世界하야 此心無間하니라

"저는 그때 거기서 얻은 해탈이 염념이 증장하여 이 마음이 간단이 없었으며, 또 자신의 몸이 백 세계의 미진수 세계에 두루 간 것을 보아 이 마음이 간단이 없었으며, 또 자신의 몸이 천 세계의 미진수 세계에 두루 간 것을 보아 이 마음이 간단이 없었습니다."

又見自身이 徧往百千佛刹微塵數世界와 如是念念乃至不可說不可說佛刹微塵數世界하며

"또 자신의 몸이 백천 세계의 미진수 세계에 두루 감과 이와 같이 염념이 내지 말할 수 없이 말할 수 없는 세계의 미진수 세계에 두루 간 것을 보았습니다."

역견피세계중일체여래　　역자견신　　재피
亦見彼世界中一切如來하며 **亦自見身**이 **在彼**

불소　　청문묘법　　수지억념　　관찰결료
佛所하야 **聽聞妙法**하고 **受持憶念**하야 **觀察決了**하며

"또 그 세계의 모든 여래를 보았으며, 또 자신의 몸이 저 부처님들의 처소에서 미묘한 법을 듣고 받아 지니고 기억하고 관찰하여 분명하게 아는 것을 보았습니다."

역지피불　　제본사해　　제대원해　　피제여
亦知彼佛의 **諸本事海**와 **諸大願海**하야 **彼諸如**

래　엄정불찰　아역엄정
來가 **嚴淨佛刹**에 **我亦嚴淨**하며

"또 저 부처님들의 예전에 나셨던 일[本事] 바다와 모든 큰 서원의 바다를 알았으며, 저 모든 여래께서 세계를 깨끗이 장엄하였고 저도 또한 장엄하였습니다."

亦見彼世界一切衆生하고 隨其所應하야 而爲
現身하야 敎化調伏호니 此解脫門이 念念增長하야
如是乃至充滿法界호라

"또 그 세계의 일체 중생을 보고 그들에게 알맞은 몸을 나타내어 교화하고 조복하였습니다. 이 해탈문이 염념이 증장하여 이와 같이 내지 법계에 가득하였습니다."

바산바연저주야신 선지식이 '부처님을 친견하고 중생들을 조복하는 세 세상 지혜의 광명을 출생하는 바퀴[出生見佛調伏衆生 三世智光明輪]'라는 삼매를 얻고 수미산 미진수 겁 동안의 일을 다 기억하게 된 것을 낱낱이 열거하여 밝혔다. 그동안 얼마나 많은 것을 보았으며 얼마나 많은 법문을 듣고 기억하였는가. 그리고 그가 얻은 해탈문은 아직도 염념이 증장하여 이와 같이 내지 법계에 가득하였다.

3) 자기는 겸손하고 다른 이의 수승함을 추천하다

善_선男_남子_자야 我_아唯_유知_지此_차菩_보薩_살破_파一_일切_체衆_중生_생暗_암法_법光_광明_명解_해脫_탈이어니와 如_여諸_제菩_보薩_살摩_마訶_하薩_살은 成_성就_취普_보賢_현無_무邊_변行_행願_원하야 普_보入_입一_일切_체諸_제法_법界_계海_해하며 得_득諸_제菩_보薩_살金_금剛_강智_지幢_당自_자在_재三_삼昧_매하며

"선남자여, 저는 다만 이 보살의 모든 중생의 어둠을 깨뜨리는 법 광명의 해탈을 알거니와 모든 보살마하살은 보현의 그지없는 행과 원을 성취하고, 일체 모든 법계 바다에 두루 들어가고, 모든 보살의 금강지혜당기幢旗인 자재한 삼매를 얻고,

出_출生_생大_대願_원하며 住_주持_지佛_불種_종하며 於_어念_념念_념中_중에 成_성滿_만

일체대공덕해　　엄정일체광대세계　　이자
一切大功德海하며 嚴淨一切廣大世界하며 以自

재지　교화성숙일체중생
在智로 敎化成熟一切衆生하며

　　큰 서원을 출생하고 부처님의 종자에 머물러 있으며, 잠깐 동안에 모든 큰 공덕 바다를 이루고, 모든 광대한 세계를 깨끗이 장엄하고, 자유자재한 지혜로 모든 중생을 교화하여 성숙하게 하고,

이지혜일　멸제일체세간암장　　이용맹지
以智慧日로 滅除一切世間暗障하며 以勇猛智로

각오일체중생혼수　　이지혜월　결료일체중
覺悟一切衆生昏睡하며 以智慧月로 決了一切衆

생의혹
生疑惑하며

　　지혜의 해로 모든 세간의 어둠을 소멸하고, 용맹한 지혜로 모든 중생의 잠을 깨우고, 지혜의 달로 모든 중생의 의혹을 결단하고,

이 청 정 음   단 제 일 체 제 유 집 착   어 일 체
以淸淨音으로 **斷除一切諸有執着**하며 **於一切**

법계일일진중   시현일체자재신력   지안명
法界一一塵中에 **示現一切自在神力**하며 **智眼明**

정   등견삼세   이아하능지기묘행   설
淨하야 **等見三世**하나니 **而我何能知其妙行**이며 **說**

기 공 덕   입 기 경 계   시 기 자 재
其功德이며 **入其境界**며 **示其自在**리오

 청정한 음성으로 일체 모든 생사의 집착을 끊고, 모든 법계의 낱낱 먼지마다 일체 자유자재한 신통을 나타내 보이고, 지혜의 눈이 깨끗하여 세 세상을 평등하게 봅니다. 그러나 제가 어떻게 그 묘한 행을 능히 알며, 그 공덕을 말하며, 그 경계에 들어가며, 그 자재함을 보이겠습니까."

4) 다음 선지식 찾기를 권유하다

 선 남 자   차 염 부 제 마 갈 제 국 보 리 장 내   유
善男子야 **此閻浮提摩竭提國菩提場內**에 **有**

주야신 　　명보덕정광　　　아 본 종 기 발 아 뇩 다 라
主夜神하니 **名普德淨光**이라 **我本從其發阿耨多羅**

삼 먁 삼 보 리 심　　　상 이 묘 법　　　개 오 어 아　　　여
三藐三菩提心일새 **常以妙法**으로 **開悟於我**하시니 **汝**

예 피 문　　　보 살　　운 하 학 보 살 행　　　수 보 살 도
詣彼問호대 **菩薩**이 **云何學菩薩行**이며 **修菩薩道**리잇

고하라

"선남자여, 이 염부제 마갈제국 보리도량에 주야신이 있으니 이름이 보덕정광普德淨光입니다. 저는 본래 그에게서 아뇩다라삼먁삼보리심을 내었고, 그가 항상 묘한 법으로 나를 깨우쳐 주었습니다. 그대는 그에게 가서 보살이 어떻게 보살의 행을 배우며 보살의 도를 닦는지를 물으십시오."

5) 선재동자가 찬탄하고 물러가다

이 시　　선 재 동 자　　향 바 산 바 연 저 신　　　이 설
爾時에 **善財童子**가 **向婆珊婆演底神**하야 **而說**

송 왈
頌曰

그때에 선재동자는 바산바연저주야신을 향하여 게송을 설하였습니다.

견여청정신 　　　　　상호초세간
見汝淸淨身호니 　　**相好超世間**하사

여문수사리 　　　　　역여보산왕
如文殊師利며 　　　**亦如寶山王**이로다

그대의 청정한 몸을 보니
좋은 모습 세간에 우뚝 뛰어나
문수사리보살과 같고
또한 보배의 산과도 같도다.

여법신청정 　　　　　삼세실평등
汝法身淸淨하야 　　**三世悉平等**이라

세계실입중 　　　　　성괴무소애
世界悉入中하니 　　**成壞無所礙**로다

그대의 법신은 청정하여
세 세상에 모두 평등하고
세계들도 그 속에 다 들어가
성립되고 파괴됨이 걸림이 없도다.

아관일체취	실견여형상
我觀一切趣에	**悉見汝形像**하니
일일모공중	성월각분포
一一毛孔中에	**星月各分布**로다

제가 모든 태어나는 길을 보니
그대의 형상 모두 나타나 있어서
하나하나의 모공 속에
별과 달이 각각 분포하도다.

여심극광대	여공변시방
汝心極廣大하야	**如空徧十方**하니
제불실입중	청정무분별
諸佛悉入中하야	**淸淨無分別**이로다

그대의 마음 지극히 광대하여
허공처럼 시방에 두루 하니
모든 부처님이 그 가운데 다 들어가도
청정하여 분별이 없도다.

일일모공내　　　　실방무수광
一一毛孔內에　　**悉放無數光**하사

시방제불소　　　　보우장엄구
十方諸佛所에　　**普雨莊嚴具**로다

낱낱 모공마다
무수한 광명을 다 놓아
시방의 모든 부처님 계신 데에
장엄거리를 널리 비처럼 내리도다.

일일모공내　　　　각현무수신
一一毛孔內에　　**各現無數身**하사

시방제국토　　　　방편도중생
十方諸國土에　　**方便度衆生**이로다

낱낱 모공마다
각각 무수한 몸을 나타내어
시방의 모든 국토에
방편으로 중생을 제도하도다.

일일모공내　　　　시현무량찰
一一毛孔內에　　　**示現無量刹**하사
수제중생욕　　　　종종영청정
隨諸衆生欲하야　　**種種令淸淨**이로다

낱낱 모공마다
무수한 세계를 나타내 보이며
모든 중생의 욕망을 따라서
가지가지로 청정하게 하도다.

약유제중생　　　　문명급견신
若有諸衆生이　　　**聞名及見身**하면
실획공덕리　　　　성취보리도
悉獲功德利하야　　**成就菩提道**로다

만약 어떤 중생이
이름 듣거나 몸만 보아도
공덕의 이익을 모두 얻어서
보리도를 성취하도다.

다겁재악취 　　　　시득견문여
多劫在惡趣라가　　**始得見聞汝**라도

역응환희수 　　　　이멸번뇌고
亦應歡喜受니　　**以滅煩惱故**로다

오랜 세월 나쁜 길에 있다가
비로소 그대를 보며 법문을 듣더라도
또한 응당 환희하여 받아들이니
번뇌를 소멸하는 까닭이로다.

천찰미진겁 　　　　탄여일모덕
千刹微塵劫에　　**歎汝一毛德**이라다

겁수유가궁 　　　　공덕종무진
劫數猶可窮이어니와　　**功德終無盡**이로다

일천 세계의 미진수 겁에
　　그대의 한 터럭 공덕을 찬탄하여도
　　겁의 수효는 오히려 끝날 수 있어도
　　공덕은 마침내 다할 수 없도다.

　선재동자가 바산바연저주야신 선지식에게 얼마나 감동하였기에 이와 같이 찬탄하는가. 낱낱 모공마다 무수한 광명을 다 놓고, 낱낱 모공마다 각각 무수한 몸을 다 나타내고, 낱낱 모공마다 무수한 세계를 다 나타낸다. 만약 어떤 중생이 그의 이름을 듣거나 그의 몸만 보아도 공덕의 이익을 모두 얻어서 보리도를 성취하고, 또 오랜 세월 악도에 떨어져 있다가도 처음 그대를 보며 그대의 법문을 듣더라도 또한 응당 환희하여 다 받아들이고 번뇌를 소멸한다고 하였다. 마지막에는 "일천 세계의 미진수 겁 동안 그대의 한 터럭 작은 공덕만을 찬탄하여도 겁의 수효는 오히려 끝날 수 있어도 공덕은 마침내 다할 수 없다."고까지 하였다.

時_에 善財童子_가 說此頌已_{하고} 頂禮其足_{하며} 繞
無量市_{하며} 殷勤瞻仰_{하고} 辭退而去_{하니라}

그때에 선재동자가 이 게송을 설하고는 그의 발에 엎드려 절하고 한량없이 돌고 은근하게 앙모하면서 하직하고 물러갔습니다.

입법계품 9 끝

〈제68권 끝〉

華嚴經 構成表

分次	周次			內容	品數	會次
舉果勸樂生信分 (信)	所信因果周			如來依正	世主妙嚴品 第一 如來現相品 第二 普賢三昧品 第三 世界成就品 第四 華藏世界品 第五 毘盧遮那品 第六	初會
修因契果生解分 (解)	差別因果周	差別因	十信	如來名號品 第七 四聖諦品 第八 光明覺品 第九 菩薩問明品 第十 淨行品 第十一 賢首品 第十二		二會
			十住	昇須彌山頂品 第十三 須彌頂上偈讚品 第十四 十住品 第十五 梵行品 第十六 初發心功德品 第十七 明法品 第十八		三會
			十行	昇夜摩天宮品 第十九 夜摩天宮偈讚品 第二十 十行品 第二十一 十無盡藏品 第二十二		四會
			十迴向	昇兜率天宮品 第二十三 兜率宮中偈讚品 第二十四 十迴向品 第二十五		五會
			十地	十地品 第二十六		六會
			等覺	十定品 第二十七 十通品 第二十八 十忍品 第二十九 阿僧祇品 第三十 如來壽量品 第三十一 菩薩住處品 第三十二		七會
		差別果	妙覺	佛不思議法品 第三十三 如來十身相海品 第三十四 如來隨好光明功德品 第三十五		
	平等因果周	平等因		普賢行品 第三十六		
		平等果		如來出現品 第三十七		
托法進修成行分 (行)	成行因果周			二千行門	離世間品 第三十八	八會
依人證入成德分 (證)	證入因果周			證果法門	入法界品 第三十九	九會

(資料：文殊經典研究會)

會場	放光別	會主	入定別	說法別舉
菩提場	遮那放齒光眉間光	普賢菩薩為會主	入毘盧藏身三昧	如來依正法
普光明殿	世尊放兩足輪光	文殊菩薩為會主	此會不入定，信未入位故	十信法
忉利天宮	世尊放兩足指光	法慧菩薩為會主	入無量方便三昧	十住法門
夜摩天宮	如來放兩足趺光	功德林菩薩為會主	入菩薩善思惟三昧	十行法門
兜率天宮	如來放兩膝輪光	金剛幢菩薩為會主	入菩薩智光三昧	十迴向法門
他化天宮	如來放眉間毫相光	金剛藏菩薩為會主	入菩薩大智慧光明三昧	十地法門
再會普光明殿	如來放眉間口光	如來為會主	入剎那際三昧	等妙覺法門
三會普光明殿	此會佛不放光，表行依解法依解光故	普賢菩薩為會主	入佛華莊嚴三昧	二千行門
祇陀園林	放眉間白毫光	如來善友為會主	入獅子頻申三昧	果法門

如天 無比

1943년 영덕에서 출생하였다. 1958년 출가하여 덕흥사, 불국사, 범어사를 거쳐 1964년 해인사 강원을 졸업하고 동국역경연수원에서 수학하였다. 10여 년 선원생활을 하고 1976년 탄허스님에게 화엄경을 수학하고 전법, 이후 통도사 강주, 범어사 강주, 은해사 승가대학원장, 대한불교조계종 교육원장, 동국역경원장, 동화사 한문불전승가대학원장 등을 역임하였다. 2018년 5월에는 수행력과 지도력을 갖춘 승랍 40년 이상 되는 스님에게 품서되는 대종사 법계를 받았다.

현재 부산 문수선원 문수경전연구회에서 150여 명의 스님과 300여 명의 재가 신도들에게 화엄경을 강의하고 있다. 또한 다음 카페 '염화실'(http://cafe.daum.net/yumhwasil)을 통해 '모든 사람을 부처님으로 받들어 섬김으로써 이 땅에 평화와 행복을 가져오게 한다.'는 인불사상(人佛思想)을 펼치고 있다.

저서로 『대방광불화엄경 실마리』, 『무비스님의 왕복서 강설』, 『무비스님이 풀어 쓴 김시습의 법성게 선해』, 『법화경 법문』, 『신금강경 강의』, 『직지 강설』(전 2권), 『법화경 강의』(전 2권), 『신심명 강의』, 『임제록 강설』, 『대승찬 강설』, 『유마경 강설』, 『당신은 부처님』, 『사람이 부처님이다』, 『이것이 간화선이다』, 『무비 스님과 함께하는 불교공부』, 『무비 스님의 증도가 강의』, 『일곱 번의 작별인사』, 무비 스님이 가려 뽑은 명구 100선 시리즈(전 4권) 등이 있고 편찬하고 번역한 책으로 『화엄경(한글)』(전 10권), 『화엄경(한문)』(전 4권), 『금강경 오가해』 등이 있다.

대방광불화엄경 강설 제68권

| **초판 1쇄 발행**_ 2017년 9월 8일
| **초판 2쇄 발행**_ 2019년 9월 22일

| **지은이**_ 여천 무비(如天 無比)
| **펴낸이**_ 오세룡
| **편집**_ 박성화 손미숙 김정은 이연희
| **기획**_ 최은영 곽은영
| **디자인**_ 고혜정 김효선 장혜정
| **홍보 마케팅**_ 이주하
| **펴낸곳**_ 담앤북스
　　　　서울특별시 종로구 새문안로3길 23 경희궁의 아침 4단지 805호
　　　　대표전화 02)765-1251 전송 02)764-1251 전자우편 damnbooks@hanmail.net
　　　　출판등록 제300-2011-115호
| **ISBN**　979-11-6201-008-2　04220

정가 14,000원

ⓒ 무비스님 2017